Katharina Suppan

ICH HASSE lauwarm

Meine 180-Grad-Geschichte

BRUNNEN
Verlag Giessen · Basel

Die Erzählungen im Buch basieren auf Tatsachen. Jedoch wurden zum Schutz der Privatsphäre die meisten Namen von Personen sowie Ortsangaben geändert. Personen, die mit ihrem richtigen Namen angeführt werden, haben dies ausdrücklich gestattet.

Bibelzitate sind wie folgt gekennzeichnet:
NL – Neues Leben. Die Bibel © 2002 und 2006 SCM R.Brockhaus im SCM-Verlag GmbH & Co. KG, Witten.
Hfa – Hoffnung für alle, © 1983, 1996, 2002 Biblica Inc.™.
Hrsg. vom Brunnen Verlag Basel.
L – Lutherbibel, revidierter Text 1984, durchgesehene Ausgabe, © 1999 Deutsche Bibelgesellschaft, Stuttgart.
GN – Gute Nachricht Bibel, revidierte Fassung, durchgesehene Ausgabe, © 2000 Deutsche Bibelgesellschaft, Stuttgart.

FSC
www.fsc.org
MIX
Papier aus verantwortungsvollen Quellen
FSC® C014496

www.brunnen-verlag.de
Lektorat: Konstanze von der Pahlen
Umschlagfoto: Ian Ehm
Fotobearbeitung: Florian Gröller
Umschlaggestaltung: Sabine Schweda
Satz: DTP Brunnen
Druck: GGP Media GmbH, Pößneck
ISBN 978-3-7655-0904-9

Ich wünsche dir,
dass dich das Feuer des Heiligen Geistes entzündet,
um aus einer unerschöpflichen Quelle heraus
ganz du selbst zu werden.
Ich wünsche dir,
dass sich Bereiche deines Herzens öffnen
und deine Bestimmung sichtbar wird.
Ich wünsche dir
einen unersättlichen Hunger nach mehr.

INHALT

KATHI

Wer Gott liebt, dem dient alles,
was geschieht, zum Guten.

Römer 8,28 (Hfa)

Ausgeschlossen

„Na, Prinzessin, du glaubst wohl, dass du etwas Besseres bist?“, ruft Birgit herüber. Ich versuche ihre Sticheleien einfach zu ignorieren. Aber sie hört nicht damit auf. Im Bus setze ich mich auf den Platz hinter der Glasscheibe beim Ausgang. Anna und Birgit drängen zur letzten Reihe, wo nur die Coolen sitzen dürfen. Ich werde wohl nie dazugehören.

Alleine sind die beiden eigentlich ganz nett. Aber wenn sie gemeinsam auftauchen, dann schaukeln sie sich gegenseitig hoch. Je mehr aus ihrer Clique dabei sind, desto gemeiner sind sie. Und Anna und Birgit wohnen ausgerechnet im selben Ort, in den ich gerade mit meinen Eltern gezogen bin.

Weil ich hier ja fast niemanden kenne, war mir heute schon beim Aufwachen ein bisschen mulmig zumute. Aber jetzt verstehe ich die Welt nicht mehr: Auch Sophie, mit der ich mich in den letzten drei Wochen angefreundet habe, schließt sich den fiesen Quälgeistern an. Meine Freundinnen aus Wien fehlen mir sehr.

Damit ich mich trotzdem auf diesen ersten Schultag freuen konnte, durfte ich mich in den Ferien von Kopf bis Fuß neu einkleiden. Mama hat mir sogar meinen sehnlichsten Wunsch erfüllt: schwarze Lackschuhe mit einer Schleife vorne drauf. Auch den wunderschönen neuen Ballonrock, den ich im Schaufenster entdeckt hatte, trage ich heute. Er ist mit ganz vielen Punkten übersät und passt super zu meinem gelben Top.

Hätte ich doch nur gewusst, dass alle lässige Jeans tragen! Erst dachte ich ja noch: Egal, Hauptsache mir gefallen meine neuen Sachen. Aber während der gesamten Busfahrt (und die dauert unerträgliche fünfundzwanzig Minuten) sorgen Anna und Birgit dafür, dass alle mitbekommen, wie sie mich fertigmachen. Im Spiegelbild der Glasscheibe sehe ich genau, wie immer mehr Kinder in meine Richtung Grimassen schneiden.

Ängstlich zucke ich zusammen, als jemand an meinen Haaren zieht. Ich will hier ganz schnell weg. Jetzt nur nicht weinen. Ich spüre, dass meine Augen anfangen zu brennen, und schlucke die Tränen hinunter. Nur noch eine Station, gleich habe ich es geschafft. Ich stehe schon mal auf, um als Erste aussteigen zu können. Die letzte Reihe kommt mir allerdings eilig hinterher. Als Birgit mir einen ekligen Kaugummi auf meinen neuen Rock kleben will, klatscht es laut. Und zwar auf Birgits Wange. Ich erschrecke. Eine, die bestimmt sechzehn ist, beendet die fiesen Hänseleien mit einer Ohrfeige und sagt: „Es reicht! Lasst sie doch endlich in Frieden!" So schnell ich kann, renne ich zur Schule.

Die Ohrfeige war sicher nett gemeint, aber meine Heimfahrt wird dadurch nicht leichter. Auf der Hälfte der Strecke werde ich bei einer Haltestelle, wo viele rausmüssen, laut johlend aus dem Bus gestoßen. Er fährt ohne mich weiter. Wieder steigen Tränen in mir hoch, aber diesmal kann ich sie nicht mehr zurückhalten.

Dabei sein ist alles!

Ich bin elf Jahre alt. In die Nebenklasse geht ein Junge namens Toni. Toni ist immerhin zwölf Jahre alt. Er hat mir ein Briefchen geschrieben, dass er in der großen Pause im Fahrradkeller auf mich wartet. Neugierig, wie ich bin, mache ich mich auf den Weg. Geheimnisse liebe ich über alles. Toni möchte mit mir gehen. „Ich bin in dich verliebt", sagt er und wird rot. Ich weiß nicht recht, was ich davon halten soll. Da ich öfter heimlich die

Bravo gelesen habe, weiß ich aber, dass es echt höchste Zeit ist, den ersten Kuss hinter mich zu bringen. Mit Zunge und so. Vorsichtig küssen wir uns also auf den Mund und dann berühren sich kurz unsere Zungen. Na ja, wenn das dieser supertolle Moment gewesen sein soll, ab dem alles anders ist? Mit ihm gehen will ich jedenfalls nicht. Außerdem ist er einen Kopf kleiner als ich.

Meine Klasse besteht nur aus Mädchen, einschließlich Sophie. Im letzten Jahr habe ich mich sehr bemüht, zur coolen Clique dazuzugehören. Mal lief's besser, mal schlechter. Mit Sophie läuft es richtig gut, sie kommt oft zu Besuch. Obwohl sie es vor den anderen niemals zugeben würde: Sophie und ich, wir verkleiden uns gerne und studieren Choreografien ein, die wir dann unseren Eltern vorführen. Ganz besonders hatte ich mich auf unseren Auftritt zu Kylie Minogues „I should be so lucky" gefreut. Tagelang probte ich die Schrittkombinationen, die ich mir dafür ausgedacht hatte. Als Sophie dann zur Premiere an der Tür klingelte, hatte ich längst Mamas Kleiderschrank geplündert. Wir verschwanden kichernd in meinem Zimmer und hatten eine Menge Spaß beim Kostümieren und der Generalprobe. Nach der Vorstellung genossen wir den Jubel und wollten gar nicht mehr aufhören, uns zu verbeugen. Während ich meinen klatschenden Eltern Kusshändchen zuwarf, verließ ich Hand in Hand mit Sophie die Wohnzimmerbühne. Sie strahlte mich an, und das machte mich total glücklich.

Sophie hat leider schlechte Noten. Deshalb hat ihre Mutter entschieden, dass sie nach den Winterferien in die Sporthauptschule gehen wird. Das darf doch nicht wahr sein! Muss ich Sophie nach so kurzer Zeit schon wieder verlieren? Die anderen Mädchen in der Klasse haben natürlich mittlerweile alle eine beste Freundin. Das wird nicht leicht. Den Schulweg mit dem Bus muss ich in Zukunft auch wieder alleine durchstehen. Ich kann die anderen schon hören: „Negerlippe! Pizzagesicht!" Dass ich bereits jetzt pubertäre Akne habe und meine Lippen überdurchschnittlich groß sind, dafür kann ich doch nichts.

Tapfer spiele ich den Lückenfüller: Voller Freude bin ich dabei, wenn es der coolen Clique einfällt, dass ich mitspielen darf. Meist steht Völkerball auf dem Programm. Jedes Mal kostet es mich große Überwindung hinzugehen, um dann vom Spielfeldrand aus zuzusehen, wo ich geduldig warte. Wenn genug Kinder da sind und ich nicht gebraucht werde, bin ich ganz verständnisvoll. Wenn sich zwei gezankt haben, dann genieße ich die Zeit als Ersatzfreundin, bis sich die beiden vertragen. Auch wenn ich danach erst einmal wieder abgeschrieben bin, bemühe ich mich, nicht sauer zu werden oder mich zu beklagen. Aber es fühlt sich nicht gut an, nur die Notlösung zu sein.

Doch seit Neuestem gibt es Petra in meinem Leben. Petra wohnt mit ihrer Familie in der Nachbarschaft unserer kleinen Reihenhaussiedlung. Auch sie verlässt sich voll und ganz darauf, dass ich die Freundschaftsarbeit übernehme. Vielleicht liegt es daran, dass Petra drei Jahre älter ist als ich. Ich bin diejenige, die anruft und jederzeit sprungbereit zum Pferdestehlen ist. Ich hoffe, dass Petra nicht merkt, dass es mir sehr wohl was ausmacht, wenn sie gerade keine Lust auf gemeinsame Zeit mit mir hat. Ich versuche es ihr recht zu machen, dann muss sie mich doch mögen.

In stillen, traurigen Momenten vor dem Einschlafen wird mir klar, dass ich wahrscheinlich nicht ernst genommen werde, weil ich alles mit mir machen lasse. Aber ich denke mir: Lieber solche Freundschaften als gar keine.

Wendepunkt

Ich bin zwölf Jahre alt. Mit dem Tennisspielen bin ich aufgewachsen, viele Wochenenden haben wir als Familie auf Tennisplätzen verbracht. Um nicht aus der Gruppe ausgeschlossen zu werden, musste ich auch dort meine Angst überwinden, abgelehnt zu werden. Im neuen Klub habe ich nach unserem Umzug keine gleichaltrigen Partner mit meiner Spielstärke gefunden. Und immer nur bei den Erwachsenen im Doppel einzuspringen oder mit meinem Papa zu üben, ist langweilig. Also lasse ich es bleiben.

Ziemlich zeitgleich habe ich mich auch gegen mein bisher geliebtes Balletttanzen entschieden. Ich bin außergewöhnlich gelenkig und mag es gern, mich zur Musik zu bewegen. Am liebsten habe ich den Damenspagat und den sogenannten Frosch geübt. Dabei liegt man auf dem Bauch und verschränkt Kopf und Beine ineinander. Als ich aber eine neue Ballettlehrerin bekam, hat sich alles schlagartig geändert. Sie ist sehr streng und meint, man müsse mein Talent fördern. Sie wollte mich zu sich in ihre eigene Tanzschule holen und eine Klasse überspringen lassen. Ich hätte dann vier Mal wöchentlich zum Training erscheinen sollen! Alleine der Gedanke daran hat mir das letzte bisschen Freude geraubt. Nein danke, in diesem Fall hänge ich die rosanen Primaballerina-Schuhe an den Nagel. Auch wenn mir Mama eine neue Lehrerin vorschlagen will: Dieses Thema ist für mich abgeschlossen.

Weil ich jetzt kein Tennis mehr spiele und auch nicht mehr Ballett tanze, habe ich viel Zeit. Um sie zu füllen, suche ich am anderen Ortsende nach einer neuen allerbesten Freundin. Dort lerne ich Hannah kennen, sie gehört zur berühmt-berüchtigten Bahnhofsclique. Vom Keilstädter Bahnhof aus machen sich alle auf den Weg zur jeweiligen Schule. Oder auch nicht. Hilfsbereit führt Hannah mich in ihre Gewohnheiten ein: „Du musst zu Hause einfach nur sagen, dass du Geld für Schulveranstaltungen oder Schreibsachen brauchst. Dann schnappst du dir den Rucksack und dein Pausenbrot und sagst Tschüss wie immer. Wir treffen uns jeden Tag beim überdachten Raucherplatz und gehen dann ins Kaffeehaus Hokuspokus. Die sind total cool dort, sie lassen uns in Ruhe rauchen und geben uns auch Rotwein. Weißt du, der ist am billigsten. Und am Nachmittag erzählst du möglichst unauffällig deiner Mutter, was nicht alles in der Schule passiert ist. Ach ja, du brauchst unbedingt einen Kaugummi und Parfum, damit sie keinen Verdacht schöpft.“

Um mich interessant zu machen, erfinde ich Geschichten, die

ich in der Schulschwänz-Runde erzählen kann: Ich lüge, dass sich ein Junge aus der Abschlussklasse in mich verliebt hat. Beim Einkaufen sei ich von einem Modelagenten für Palmers entdeckt worden. Und in Wahrheit würde ich viel stärkeren Alkohol vertragen, das wisse ich aus Erfahrung.

Nach monatelangem Üben kann ich erste Erfolge verbuchen: Beim Rauchen mache ich Lungenzüge, und auf die Kombination mit Rotwein muss ich mich nicht mehr übergeben.

Kein Sommernachtstraum

Ich bin dreizehn Jahre alt. Hannah und ich putzen uns heraus, damit wir älter wirken. Hannah kennt gute Schminktipps, und ich habe auch schon etwas Praxis darin, mich erwachsener aussehen zu lassen. Die Badezimmertür habe ich verriegelt, und aus dem Radio dröhnt die Hitparade. Aufgekratzt singe ich in meine Mikrofonbürste: „Limbo cool, Limbo fine, everybody gets a chance … Clap your hands, it's party time, do the Limbo dance." Am Höhepunkt von David Hasselhoffs Song springe ich auf die Schmutzwäschetruhe und tanze zum Aufwärmen ein wildes Limbo-Solo.

Denn heute findet ja im Nachbarort die lang herbeigesehnte Party statt. Es ist 18 Uhr, als Hannah und ich dort vorfreudig eintreffen. Außer uns gibt es noch keinen einzigen Gast. Aber wir wollen selbstverständlich jede Minute auf unserer ersten öffentlichen Party auskosten. Um 21 Uhr müssen wir ja schon wieder zu Hause sein. Da der offizielle Fetenstart erst in einer Stunde ist, wird noch aufgebaut und dekoriert. Jemand schreibt mit gelber Kreide auf eine Tafel: „Heute 3 Getränke zum Preis von 1!" Alles deutet darauf hin, dass es ein unvergesslicher Abend wird.

Beim Tanzen vergeht die Zeit wie im Flug. Doch auf dem Heimweg hat Hannah eine grenzgeniale Idee: „Weißt du was, wir gehen zu Hause gleich ins Bett. Aber nicht im Pyjama, sondern geschminkt und mit unseren Ausgehklamotten. Und sobald alle schlafen, schleichen wir uns wieder raus und schmeißen uns noch mal auf die Tanzfläche!"

Gesagt, getan. Mir ist ganz schön unbehaglich zumute, aber das ist *die* Gelegenheit, auch mal in der Liga der Älteren mitzuspielen. Vorsichtig erkundige ich mich bei meinen Eltern, ob ich nicht doch mit Erlaubnis wegdürfe. Wie zu erwarten, wird meine Anfrage verneint. Also auf zu Plan B.

Ich verstecke meine Schuhe und eine Jacke im Puppenwagen, den meine Schwester zwischen den Oleanderbäumen auf der Terrasse geparkt hat. Um später keine verräterischen Geräusche zu verursachen, öffne ich auch gleich die Fliegengittertür.

Geschafft. Ich sitze auf meinem Fahrrad und düse durch die Dunkelheit. Das Herz klopft mir bis zum Hals, hoffentlich habe ich niemanden geweckt! Kurz vor Mitternacht erreiche ich atemlos das Haus von Hannahs Familie. Jeden Moment wird Hannah herauskommen. Adrenalin schießt durch meinen Körper. Die Abenteuerlust hat mich gepackt, am liebsten würde ich an Ort und Stelle Bäume ausreißen!

Fünf nach. Acht nach. Viertel nach. Wo bleibt nur Hannah? Es war doch Punkt Mitternacht ausgemacht. Auf Zehenspitzen schleiche ich mich in den Garten und werfe ein Steinchen an Hannahs heruntergelassenen Rollladen. Und noch eines. Und noch eines. Verschlafen öffnet sie endlich das Fenster. Ich kann es nicht fassen, als Hannah unser nächtliches Abenteuer absagt. Sie meint, sie könne nicht unbemerkt türmen.

Da stehe ich nun, bestellt und nicht abgeholt. Tausend Sachen schießen mir gleichzeitig durch den Kopf. Nach all diesen Anstrengungen und eingegangenen Risiken einfach umdrehen? Nein, das kommt gar nicht in die Tüte! Ich könnte ja mal zur Party fahren und schauen, ob ich nicht vielleicht doch jemanden kenne. Ausgehen bis in den frühen Morgen wird so schnell nicht mehr drin sein. Das muss ich unbedingt ausnützen!

Das Getränkeschnäppchen „3 für 1" kommt mir sehr entgegen. Das gesamte Taschengeld für diesen Monat habe ich dabei, denn diese Nacht wird eine lange werden! Das habe ich mir beim Bezahlen des Eintritts geschworen. Es macht mich überglücklich, dass ich nicht nach meinem Alter gefragt und vom Türsteher mit einem Lächeln bedacht werde.

Ich komme mir fast volljährig vor, als ich die Bar ansteuere, um meine ersten drei Bacardi-Cola zu bestellen. Wow, auch der Barkeeper zwinkert mir zu! Neugierig schaue ich mich um und entdecke einige bekannte Grüppchen. Geredet habe ich allerdings noch nie mit ihnen, ich habe sie höchstens aus der Ferne bewundert.

Ich schwebe auf Wolke sieben! Das mag einerseits am regen Alkoholkonsum liegen, anderseits daran, dass ständig jemand mit mir tanzen möchte: Einige Jungs umschwärmen mich und laden mich am laufenden Band zu Drinks ein. Ich kann mein Glück kaum fassen!

Wieder steuert Rolf auf mich zu. Wahrscheinlich will dieser mindestens sechzehnjährige Kerl mich zum vierten Mal vergeblich zu einem Liebeslied auffordern. Irgendetwas hält mich zurück. Erneut lehne ich ab.

Ist es wirklich schon so spät? Viele sind bereits gegangen, wohl eher getorkelt, und auch mir fällt es immer schwerer, klare Gedanken zu fassen. So ist das also, wenn man betrunken ist. In Schlangenlinien verlasse ich den Partyraum und steuere im Vorgarten auf einen Baum zu, um mich etwas auszuruhen. Nach Hause will ich jedenfalls nicht, an meinem Schwur halte ich trotz Übelkeit fest.

Michi, ein Junge aus der Oberstufe meiner Schule, kniet sich zu mir. Freundlich, aber bestimmt will er mich davon überzeugen, dass ich nicht alleine hierbleiben soll. Er bietet mir sogar an, mich auf seiner Vespa heimzufahren. Beim trotzigen Neinsagen konzentriere ich mich auf eine deutliche Aussprache: „Ich bin alt genug und weiß selbst am besten, was gut für mich ist!" Mit „Ich kann dich nicht zwingen. Pass auf dich auf!" räumt er das Feld.

Die Müdigkeit und mein gestörter Gleichgewichtssinn machen mir zu schaffen. Mir ist kalt. Am liebsten wäre ich nun doch in meinem kuschelig warmen Bett. Wieder beugt sich jemand zu mir hinunter und schüttelt mich am Arm. Verschwommen kann ich Rolf erkennen, der mich breit angrinst. Erschöpft lasse ich meinen Kopf auf die angezogenen Beine sinken. Ich will nur mehr schlafen.

Ich registriere, dass Rolf mich hochhebt. Und irgendwohin trägt. Er setzt mich etwas unsanft ab. Ich spüre feuchten Rasen unter mir. Wo bin ich? Mit seinen kalten Händen schiebt Rolf mein Shirt in die Höhe. Jetzt ist er dabei, meine Hose zu öffnen. Was macht er da? Unverständlich versuche ich diese Fragen zu formulieren. Doch kein Wort verlässt meine Lippen. Plötzlich werden meine Schenkel auseinandergedrückt. Es durchfährt mich ein bohrender Schmerz. Was ist hier nur los? Ich weine und flüstere in mich hinein: „Bitte, bitte hör auf." Mein Körper ist wie gelähmt. Ich wehre mich nicht. Nach einer kleinen Ewigkeit beruhigen sich Rolfs Atemzüge, er schließt seine Lederhose und verabschiedet sich eilig. Mit quietschenden Reifen fährt er auf seinem Motorrad davon.

Lange Minuten liege ich bewegungslos genau so da, wie er mich zurückgelassen hat. Das berauschende Bacardi-Cola-Feeling ist wie weggeblasen. Ich nehme alles gestochen scharf wahr. Trotzdem bringe ich es nicht fertig, meinem Körper zu befehlen aufzustehen. Als mich die ersten Sonnenstrahlen blenden, erhebe ich mich wie in Trance und ziehe mich an. Mechanisch setze ich mich auf mein Fahrrad und mache mich auf den Heimweg.

Mit leerem Blick werfe ich die blutdurchtränkte Unterhose in die Mülltonne vorm Haus. Leise öffne ich die angelehnte Terrassentür. Alles ist ganz ruhig, niemand hat etwas bemerkt.

In meinem Zimmer habe ich nur noch einen Gedanken: Diese Nacht muss ich aus meinem Gedächtnis streichen. Dann falle ich in einen tiefen, traumlosen Schlaf.

Selbstwertlos

Ich bin vierzehn Jahre alt. In der Schule mache ich mich nicht gerade beliebt. Ich fehle häufig, und immer wieder werde ich von Mitschülern am Bahnhof gesehen. Ich spüre, dass man mich mehr und mehr aus der Klassengemeinschaft ausschließt. Das tut weh und macht mir die Entscheidung nur noch leichter, heute Morgen wieder den Unterricht zu schwänzen und mich den anderen Blaumachern anzuschließen. Den Vormittag verbringe ich rauchend im Kaffeehaus. Pünktlich reiße ich mich los, um rechtzeitig zu Hause zu sein. Inmitten der vielen Schüler warte ich auf den Bus in Richtung Heimat.

Plötzlich ertönt dicht hinter mir eine männliche Stimme: „Hallo, hübsches Fräulein!" Wie jetzt? Ich habe das laut und deutlich gehört, aber könnte tatsächlich *ich* damit gemeint sein? Als ich mich zögernd umdrehe, schaue ich in schelmisch blitzende Augen, die mich herausfordernd fixieren. Einige lange Sekunden kann ich weder meinen Blick abwenden noch etwas sagen. Der Typ grinst selbstbewusst.

Diesen wohl äußerst abenteuerlustigen Punk habe ich nicht nur einmal heimlich beobachtet. Er hat mir mehrere Jahre voraus, wirkt immer gut gelaunt und voller Lebensfreude, anders als all die langweiligen Schüler. Und er steht offensichtlich dazu: knallbunte Haare, Irokesenschnitt, löchrige Klamotten. Auf seine Doc Martens ist jeweils ein großes A gemalt. Ich glaube zu wissen, dass das A für Anarchie steht.

Das alles fasziniert mich total. Und während ich so vor mich hin träumend dastehe, erreichen mich die Worte: „Ich bin Flip. Und du?"

„Äh, hm, ich heiße Kathi."

„Hallo, Kathi! Kommst du mit? Ich fahre nach Wien und treffe ein paar Leute."

Das ist ja nicht zu fassen! Dieses absolut, absolut coole Individuum möchte ernsthaft Zeit mit mir verbringen!

„Ja klar!“, lautet also die einzig mögliche Antwort.

Lässig ergreift Flip meine Hand, und wir schlendern zum Bahnsteig. Hoffentlich können das alle sehen! Vorfreude ist mir leuchtend ins Gesicht geschrieben.

In Wien angekommen, lerne ich Flips Freunde kennen, die auf offener Straße herumhocken. Auch sie sind älter als ich – und Punks. Und ich darf dabei sein! Um das Gemeinschaftsgefühl zu steigern, nehme ich große Schlucke aus der Dopplerflasche Wein, die die Runde macht. Auch Flip bemüht sich sehr um mich.

Es wird bereits dunkel, als mir dämmert, dass ich seit Stunden zu Hause überfällig bin. Genau in diesem Moment lädt Flip mich ein, ihn in sein privates Reich zu begleiten. Als ich zögere, fragt er zynisch, ob ich das denn nicht dürfe. Wenn ich zugeben würde, dass ich das ganz bestimmt nicht darf und dringend zu meinen Eltern muss, wäre dieser bombastische Traum vorbei, bevor er überhaupt begonnen hat. Außerdem würden die Punks mich nicht mehr akzeptieren, wenn ich mich wie ein Kind benehme.

„Ja klar!“, lautet also die einzig mögliche Antwort.

Zusammen mit Flips Freunden fahren wir zurück nach Keilstadt, wo wir uns im Bahnhofsshop mit einem ordentlichen Biervorrat eindecken. Jetzt geht’s so richtig los! Das wird toll!

Flips Bude ist alles andere als königlich. Ein Zimmer mit einem Waschbecken, einer nackten Glühbirne an der Decke, einem riesigen, mit Parolen beschmierten Schrank und einem Lager aus schleißigen Matratzen.

Als ob Flip Gedanken lesen könnte, sagt er beim Hereinkommen: „Dafür gehört mir das alles alleine! Ich bin frei, und niemand macht mir Vorschriften! Ich kann tun und lassen, was ich will! Es leeebe die Anarchiiie!“ Seine punkigen Freunde grölen und applaudieren ihm. Auch ich verstehe, dass Freiheit einen Preis hat, und klatsche begeistert mit.

Alex, die ihre Haare in Pink- und Rottönen gefärbt hat, macht mir den Vorschlag, mich umzustylen. Vor allem, mir die Haare türkis zu färben. Bis jetzt war ich stolz auf meine lange, hellbraune Mähne gewesen. Doch wie war das gleich noch mal? Ja genau: Freiheit hat halt ihren Preis. Ich spüre, dass ich ein eindeutiges Zeichen setzen muss, denn alle Anwesenden haben kreative Kunstwerke auf dem Kopf. Entschlossen trinke ich das letzte Viertel meines Bieres in einem Zug aus.

„Ja klar!“, lautet also die einzig mögliche Antwort.

Mit dieser Entscheidung ernte ich Respekt von den anderen. Und den Schlüsselsatz schlechthin habe ich auch ganz schnell gelernt: „Es leeebe die Anarchiiie!“ Diesmal wird *mir* applaudiert.

Mit einer schreiend türkisen Prachtmähne, fantasievollen Löchern in den Leggings und massig Sicherheitsnadeln an meinem Rucksack geselle ich mich wieder zu der heiteren Gruppe. Mittlerweile haben es sich alle auf den muffigen Matratzen gemütlich gemacht. Irgendetwas riecht hier komisch. Gewöhnliche Zigaretten sind das wohl nicht …

Flip strahlt mich bewundernd an und legt demonstrativ seinen Arm um mich. Ich gehöre jetzt definitiv dazu. Beschwingt von Wein und Bier lege auch ich demonstrativ meine neue Frisur an seiner Schulter ab. Mit so viel Freiheit im Blut und auf meinem Kopf kann ich nun ruhig ein bisschen selbstbewusster sein, finde ich. Zeitgleich mit meiner Euphorie taucht ein dicker, fetter Joint vor meiner Nase auf.

„Ja klar!“, lautet die einzig mögliche Antwort.

Einige Stunden später blinzle ich verschlafen von links nach rechts. Schnarchende Punks, so weit das müde Auge reicht. Autsch, mein Schädel dröhnt, das nennt man vermutlich einen gehörigen Kater. Bevor mich die eigenen inneren Vorwürfe in Bezug auf meine Eltern ganz einholen können, bekomme ich von Flip einen Gutenmorgenkuss auf die Wange gedrückt. Diese liebevolle Geste vertreibt erst mal jegliches schlechte Gewissen und Heimwehgefühl.

Leider lässt sich die Gewissensqual nicht lange beiseiteschieben. Sie kommt sogar geballt zurück, und ich werde regelrecht von Verzweiflung gepackt. Meine Eltern haben sich sicher schlafraubende Sorgen gemacht und sind nun stocksauer auf mich. Ich kann doch in meinem Outfit nicht so mir nichts, dir nichts wieder bei ihnen auftauchen! Krampfhaft versuche ich nicht daran zu denken, alleine bei der Vorstellung wird mir schon speiübel.

Zum Frühstück gibt es eine Zigarette und letzte Bierreste. Und die mir von Flip ins Ohr geflüsterte Frage, ob ich nicht gemeinsam mit ihm die nächste Großstadt erobern möchte. Er zieht mich dabei zu sich heran und fügt hinzu, dass er mich gerne weiteren Freunden vorstellen würde.

„Ja klar!", lautet die einzig mögliche Antwort.

Damit ich kein Bahnticket kaufen muss, borgt Alex mir ihre Jahreskarte. Mit zwei Litern Wein bewaffnet, okkupieren Flip und ich ein ganzes Zugabteil. Ich bin verliebt. Eine neue Welt hat sich mir eröffnet. Eine Welt, in der ich dazugehöre.

Nach fünf Reisestunden sehe ich darüber hinweg, dass Flips Kameraden nicht mal etwas Eigenes haben, sondern im Punkhaus leben. Ich versuche das alles als ein großes Liebesabenteuer zu betrachten. Aber auch Anarchisten brauchen Geld. Also zeigt mir Flip, wie man am besten Bares schnorrt. Kurz darauf stehe ich mitten in der Stadt und bettle. So habe ich mir diesen Ausflug dann doch nicht vorgestellt. In regelmäßigen Abständen muss ich mich eisern daran erinnern, dass Freiheit halt einen Preis hat. Und zwar einen ziemlich großen.

Ich ernte einmal mehr Anerkennung, als ich Flips Gefolgschaft meinen schwer verdienten Münzhaufen präsentiere. Mein Ausruf „Es leeebe die Anarchiiie!" geht fast im lauten Gejohle unter. Ein paar Tage lang läuft das so, tagsüber um Almosen bitten, abends feiern, bis nichts mehr da ist. Einfach in die Nacht hineinleben.

Mit Flip bin ich nun fix zusammen. Trotzdem lässt mich ein anderer Punk nicht aus den Augen. Sein Spitzname ist Penny, und er ist fast doppelt so alt wie ich. Besonders heute habe ich eine ungute Vorahnung. Penny weicht nicht von Flips und meiner Seite. Er denkt nicht daran, sich abschütteln zu lassen, als ich mich mit Flip nach oben in das unbewohnte Punkhauszimmer zurückziehen möchte. Also rauchen wir zu dritt einen Joint. Unmittelbar danach steht Flip auf, murmelt „Bin gleich wieder da …“, und schon ist er aus dem verdunkelten Raum verschwunden. Ich bin vom konsumierten Marihuana zu benommen, um mich ebenfalls in Bewegung zu setzen. Mit einem flauen Bauchgefühl verharre ich neben Penny.

Der hat scheinbar nur auf einen günstigen Augenblick gewartet. Aufdringlich rückt er an mich heran und beginnt mich ungefragt zu betatschen. Wie in einem Déjà-vu bleibe ich regungslos liegen. Ohne mich zu wehren, warte ich, bis es vorbei ist. Am meisten graut mir vor Pennys dreckigen Fingern. Die Sehnsucht nach meinem behüteten, sauberen Zuhause scheint mir fast unerträglich. Penny steht auf und geht. Bevor er die Tür hinter sich schließt, zischt er mir noch zu: „Wehe, wenn du auch nur ein Wort darüber verlierst!“

Nur Minuten später betritt Flip freudestrahlend mit einem neuen Hanfpäckchen das kalte, feuchtmodrige Zimmer. Über den ekeligen Vorfall traue ich mich wirklich nicht zu sprechen. Hauptsächlich schäme ich mich wahnsinnig dafür. Es ist wohl das Beste, auch diesmal so zu tun, als sei es gar nicht passiert.

Ich weiß, dass ich mit Flip über kurz oder lang werde schlafen müssen. Damit ich ihn nicht verliere. Bis jetzt hat er sich verständnisvoll mit Kuscheln und Rumschmusen zufrieden gegeben. Aber wie lange noch? Ich fasse den Entschluss, es gleich hinter mich zu bringen. Im Über-mich-ergehen-Lassen habe ich ja Erfahrung, und in Flip bin ich sogar verliebt. Gut, dass Flip so viel Benebelndes besorgt hat, das wird es mir leichter machen, nichts zu empfinden.

Flip, ich und ungefähr zehn weitere Punkhausbewohner sind gerade auf dem Weg ins Pub, als wir von Polizisten aufgefordert werden, ihnen auf die Wache zu folgen. Einige können entwischen – auch Flip. Ich schaffe es nicht. Ich lehne mich in keinster Weise auf, werde aber wie eine Verbrecherin behandelt. Dann soll ich meinen Ausweis herzeigen. Ich habe nur die Bahnkarte von Alex. Was bleibt mir anderes übrig, als zu Protokoll zu geben, ich hieße Alexandra?

„Alexandra, wie noch?“, ist die unausweichlich nächste Frage des Beamten. Tja, peinlich! Wenn ich nur wüsste, welcher Nachname auf der Karte steht! Ich gebe also zu, dass das nicht mein Ausweis ist, und der Ordnungsmann klärt mich unfreundlich auf, dass ich mit einer Anzeige rechnen muss. Eilig gebe ich ihm meine echten Daten und erfahre, dass ich von meinen Eltern seit Tagen als vermisst gemeldet bin. Die traurige Realität trifft mich wie ein gewaltiger Schlag. Immer und immer wieder muss ich beteuern, dass ich von einem Einbruch bei Gott nichts weiß. Eigentlich dachte ich ja, dass uns die Polizei wegen unseres Aussehens und der Grölerei auf die Wache mitgeschleppt hat. Aber langsam bin ich mir da gar nicht mehr so sicher …

Endlich lässt man mich mit dem Verhör in Ruhe und führt mich in eine Zelle. Dort muss ich ganz alleine bleiben. Zwischendurch erscheint ein Aufpasser, der mich als Abschaum beschimpft und mir mitteilt, dass meinen Eltern geraten wird, mich einige Zeit hier drinnen schmoren zu lassen.

Die ganze lange Nacht hindurch werde ich von Weinkrämpfen geschüttelt, und auch das heftige Herzklopfen lässt mich nicht einmal für einen kurzen Moment einschlafen.

Es dürfte jetzt frühmorgens sein. Die Zellentür wird aufgesperrt, und ich werde unsanft hinausgezerrt. Ich fühle mich schrecklich. Und so sehe ich auch aus: Das Gesicht vom vielen Heulen aufgequollen. Das lumpige Gewand total verdreckt. Die Haare verfilzt. Und türkis.

Im Warteraum treffe ich auf meinen Vater, der mich nicht einmal eines Blickes würdigt. Stumm gehen wir zum Auto. Die Stille ist kaum zu ertragen. Bevor wir einsteigen, kann sich mein Vater nicht mehr zurückhalten und verliert für einige Augenblicke die Fassung. Ich kann ihn verstehen und warte einfach, bis es vorbei ist.

Doppelt verraten

Ich bin fünfzehn Jahre alt. Das letzte halbe Jahr war turbulent. Mit der Begründung des „strategisch geplanten, unerlaubten und unentschuldigten Fernbleibens vom Unterricht" wurde ich der Schule verwiesen.

Meine Eltern waren nach eigenen Angaben mit ihrem Latein und ihren Nerven am Ende. In stundenlangen Gesprächen hatten sie mir begreiflich machen wollen, in welche Gefahren ich mich mit meinem Lebenswandel begebe. Nicht zu vergessen, welche Konsequenzen daraus entstehen konnten. Gähn! Die ewig gleiche Leier meiner Mutter konnte ich echt nicht mehr hören: „Kathi, wir machen uns große Sorgen um dich! Was ist nur los mit dir? Was haben wir falsch gemacht? Merkst du nicht, was du uns allen mit deinem Verhalten antust? Die ganze Ortschaft redet schon über uns! Wie stellst du dir deine Zukunft vor? Hast du Drogen genommen? Das sind doch keine Freunde, du hast einen derart schlechten Umgang! Sag uns, mit wem du dich herumtreibst!" Bla, bla und nochmals bla – zum einen Ohr rein und zum anderen Ohr wieder raus. Man könnte wohl sagen, dass meine Erziehungsberechtigten gescheitert sind mit ihren nervigen Bemühungen, mich zur Vernunft zu bringen.

Nach einigen Vorsprechen erbarmte sich tatsächlich eine elitäre Privatschule meiner verzweifelten Oldies. Und so kam es, dass mein Vater mir Folgendes mitteilte: „An den Hausarrest hast du dich ja nicht gehalten, also bleibt uns nichts anderes übrig, als zu drastischeren Maßnahmen zu greifen. Wir lieben dich, und deshalb müssen wir dich aus deinem Umfeld herausnehmen. Das ist deine letzte Chance, und ich erwarte, dass du dich zusammenreißt und dich endlich einmal an Richtlinien hältst …"

Kotz, das hörte sich unlustig an. Die erste Bedingung war, dass die bunte Punkfrisur wegmusste. Zack! Nach einer mehrstündigen Prozedur beim Friseur hatte ich zwar wenige und kürzere, aber wieder hellbraune Haare. Als zweite Hiobsbotschaft erfuhr ich, dass die Schule nicht in Wien sei und ich nur ab und zu am Wochenende nach Hause dürfe. Allein die Vorstellung eines Internatslebens mit neureichen Schnöseln und Spießern verursachte mir Bauchweh. Dennoch führte kein Weg daran vorbei, mich von meinen Anarchisten und meiner aktuellen Lieblingsfreundin Petra zu verabschieden. Und von meinem Zimmer. Auch die mit Parolen wie „Death is Peace!", „Ich hasse Weihnachten!" oder „Ich sage NEIN!" beschmierten Wände vermisste ich bereits auf der Hinfahrt.

Doch überraschenderweise erfüllten sich meine schlimmsten Befürchtungen nicht: Gleich auf den ersten Blick gab es dort neben den erwarteten Snobs auch ein paar durchaus akzeptable Zeitgenossen. Vor allem die Bekanntschaft mit meiner punkig gestylten Zimmernachbarin ließ große Hoffnung aufkeimen. Die aufgeschlossene Doris machte mich sogleich mit den vorherrschenden Regeln bekannt. Und wie man sie am besten brach.

Um überhaupt bleiben zu können, musste ich die Aufnahmeprüfung bestehen. Die anderen hatten mir zwei Schuljahre Französisch und eines in Latein voraus. Aber mit der Aussicht auf ungestörtes Rauchen – ohne lästige Kommentare der Eltern – und heimliche Partys im Burschentrakt konnte ich mich problemlos zu einer intensiven und dadurch umso kürzeren Lernphase durchringen. Das Allerbeste war, dass Doris mir nächtliche Ausritte nach Wien versprach. Man musste einfach nur durchs Fenster ausbüchsen und den letzten Zug ins Schlaraffenland erwischen. Diese ebenerdigen Zimmer wurden mir immer sympathischer!

Mein letztes halbes Jahr hatte es also definitiv in sich: Gefeiert wurde mehr als je zuvor. Bis zum letzten Donnerstag. Da standen nämlich plötzlich sämtliche Internatserzieher mitten im U4 (einer angesagten Wiener Diskothek), um mir und Doris die Partystimmung zu vermiesen. Und um mich anschließend rauszuschmeißen. Dumm gelaufen. Diesmal war ich nicht vom Gymnasium geflogen, sondern zum Schuljahresende vom Internat. Auch nicht schlecht, oder?

Keine Ahnung, wie es nun weitergehen soll. Aber jetzt sind ohnehin Sommerferien. Und ich verlasse mich voll und ganz darauf, dass Mama und Papa bestrebt sind, mir ein neues Plätzchen zu suchen. Ich habe das Angebot vehement abgelehnt, meine Schullaufbahn vorzeitig zu beenden und stattdessen etwas Handwerkliches zu erlernen. Das kommt für mich nicht einmal ansatzweise infrage. Später möchte ich studieren. Nur wer denkt jetzt an später? Vielleicht fällt mir ja morgen ein Ziegelstein auf den Kopf …

Heute werde ich erst mal meine Rückkehr begießen. Trotz der jüngsten Ereignisse erreiche ich durch bühnenreife Besserungsbeteuerungen, dass ich bis 22 Uhr nach Keilstadt darf. Jawohl! Mein Vater wird mich mit dem Auto abholen, das heißt, ich kann bis zur letzten Minute bleiben.

Aufgeregt mache ich mich mit meiner wiedervereinten Nachbarschaftsfreundin Petra und einer Flasche Ribiselwein auf den Weg. Ich bin gespannt, was sich hier wohl alles in der Zwischenzeit verändert hat.

Grundlegende Neuerungen scheint es keine gegeben zu haben: Der kollektive Treffpunkt ist noch vorm alten Kino. Und siehe da: Auch Flip steht dort drüben und sieht aus der Entfernung süßer aus denn je! Mein Herz macht einen Salto, als es merkt, dass Flip genauso erfreut zurücklächelt und auf mich zukommt, um mich fest zu umarmen.

Irgendwie wirkt er verändert. Ich weiß nicht, wie ich das einordnen soll, und verbuche es einfach unter der langen Trennung. Flip erzählt, dass er zurzeit in einem Zelt campiere und mir seine neue Wahlheimat gerne zeigen würde. Während der Wanderung könnten wir ausgiebig über die guten alten Zeiten plaudern. „Und wir holen uns auch gleich flüssigen Nachschub. Wirst sehen, bei meinem Schlafplatz habe ich einen ziemlich fetten Biervorrat und eine Flasche Wodka vom Feinsten", versucht er mich zu überreden.

Ich spüre genau, dass etwas in mir mich zurückhalten möchte.

Aber was soll schon passieren? In letzter Minute ermahne ich mich, wenigstens Petra kurz Bescheid zu sagen. Auch die ist von meinem Vorhaben nicht begeistert. Aber wer weiß, morgen könnte ja die Welt untergehen – da will ich vorher das Leben noch so richtig auskosten!

Es dämmert, als Flip und ich losmarschieren. Je weiter wir uns entfernen, desto stärker wird mein Verdacht, dass mit Flip etwas nicht stimmt. Die Wirkung von Marihuana kenne ich, danach schaut es aber nicht aus. Ob er andere Drogen genommen hat?

Als wir ankommen, ist es stockfinster. Ich dränge darauf, auf schnellstem Wege zurückzugehen. Aber Flip hat ganz andere Pläne: Er möchte zweisames Wiedersehen feiern. Sanft drängt er mich ins Zeltinnere. Jetzt beginnt er auch noch, mich zu küssen. Eigentlich will ich das gar nicht. Gerade als ich protestieren möchte, sagt er, dass er mich so sehr vermisst habe. Und dass er mich liebt. Trotzdem gehe ich in Abwehrhaltung. Schlagartig verwandeln sich Flips Gesichtszüge. Er gibt unverständliches Zeug von sich und drückt auf meinen Hals. Im nächsten Moment beginnt Flip zu schluchzen und sich zu entschuldigen. Im Sekundentakt wechselt er nun von einem Extrem ins andere. Grob will er mich begrapschen und verletzt mich dabei. Er zerreißt meine geliebte karierte Hemdbluse. Bleich vor Schreck starren wir uns beide mit weit aufgerissenen Augen an.

„Kathi? Kaaaaaathi? Kaaaaathiiiii? Wo bist du?“ Petra und mein Papa rufen nach mir! Flip scheint es auch gehört zu haben. Ich nutze den Moment und flüchte ins Freie. In Unterhosen und mit einer Socke bekleidet stolpert Flip mir nach und steht nun meinem Papa gegenüber. Ich bin wohl noch nie so froh gewesen, dass ich a) verpetzt und b) gefunden wurde.

Rache ist nicht süß.

Ich bin sechzehn Jahre alt. Um die Schulsuche hatten sich meine besorgten Eltern wie erwartet gekümmert. Die Ausbeute war jedoch mager: Nur eine einzige Ausbildungsstätte in unserer Umgebung hatte sich breitklopfen lassen, mir eine allerletzte Chance zu gewähren. Eine Höhere Lehranstalt für Wirtschaftliche Berufe. Prost Mahlzeit, das klingt total einschläfernd. Aber was soll's, der Familienrat kam überein, dass man in meinem Fall nehmen muss, was man kriegen kann. Auch wenn ich dafür ein Schuljahr verlieren würde, ich musste ja in der ersten Stufe der fünfjährigen Ausbildung anfangen. Davor galt es noch ein Aufnahmeverfahren inklusive Psychotest zu absolvieren. Mein Ergebnis zählte zu meinem Bedauern folgenschwer zu den besseren. Schwuppdiwupp, und schon war ich im Sonderzweig zwischen lauter Strebern. Na super: Bis auf eine männliche Ausnahme wieder ein Hühnerhaufen.

Was außer mir keiner weiß: Die Wiese rund um das Schulgebäude ist jene Wiese, auf der Rolf mich vor noch gar nicht allzu langer Zeit einfach liegen gelassen hat. Apropos Rolf: Ich fühle mich, als ob mich die Ereignisse der letzten Monate innerlich zerreißen …

Aber mal schön der Reihe nach: Rolf war mir nach der Rückkehr vom ereignisreichen Internatsleben ständig über den Weg gelaufen. Jedes Mal hatte sich alles in mir aufs Neue zusammengekrampft. Ich hatte versucht, mir einzureden, dass es ja gar nicht so schlimm sei. Und überhaupt befand ich, dass es meine eigene Schuld war: Hätte ich mich doch nur gewehrt! Eine weitere Überlegung war, dass Rolf sich womöglich aufgrund des hohen Alkoholpegels ohnehin an nichts mehr erinnern konnte.

Die Dinge nahmen jedenfalls ihren Lauf bei dem großen, alljährlichen Keilstädter Grillgelage. Wir hatten uns als Proviant unser Lieblingsgetränk gemixt: Man nehme von allem aus der elterlichen Hausbar ein Schüsschen und gieße die Brühe mit

Orangensaft auf. Kräftig shaken, und fertig ist Kathis und Petras Zaubertrank namens „Hans-Werner“. Mit „Hans-Werner“ und guter Laune im Gepäck gingen wir also zur Grillerei.

Ich wäre beinahe an einem freiluftgebratenen Würstchen erstickt, als ich mit einem Mal direkt in Rolfs Augen blickte. Verdammt! Rolf schien hocherfreut, mich zu sehen, und winkte mir einladend zu. Das brachte mich nun wirklich durcheinander. Nicht die geringste Spur eines schlechten Gewissens! Selbstverständlich wollte ich jeglichen Kontakt vermeiden und mischte mich unter das restliche Partyvolk. Wenig später ertappte ich mich aber dabei, ihn im Umgang mit anderen Mädels eingehend zu beobachten.

Die Abstandhaltetaktik funktionierte nur begrenzt. Und zwar zeitlich. Es dauerte nicht lange, und Rolf steuerte auf mich zu. Mit einem lockerflockigen „Hallo! Wie geht's?“ setzte er sich neben mich. Ich war derart perplex, dass auch ich nur so tun konnte, als ob rein gar nichts Verwerfliches zwischen uns vorgefallen wäre. Anscheinend bewertete ich die Sache über und durfte ganz einfach nicht so zimperlich sein.

Das alles kam mir tatsächlich weit weniger dramatisch vor, als Rolf sich dann auch noch selbstsicher an mich heranlehnte und mir ins Ohr flüsterte, dass er in mich verliebt sei. Plötzlich leuchtete es mir ein: Vielleicht lag die Lösung darin, ein Paar zu werden! Die Schreckensnacht wäre relativiert! Und irgendwie fand ich, dass Rolf, mit diesen neuen Augen betrachtet, eigentlich fast okay sei.

Die Zeit, die dann heranbrach, war für mich schwer zu fassen: Ich fühlte mich gleichermaßen angezogen und abgestoßen von ihm. Als besonders hilfreicher Begleiter entpuppte sich neben dem Alkohol wieder der eine oder andere Joint. Mit dieser Unterstützung fiel es mir auch leichter zu akzeptieren, dass Sex für mich nichts mit Genuss zu tun hatte, aber ein Mittel zum Zweck war. Nichts zu empfinden hatte zumindest den gewaltigen Vorteil, die Kontrolle zu behalten. Generell hatte ich den Eindruck, dass es in der Keilstädter Clique normal sei, dass sich das weibliche Geschlecht nicht so anstellen solle. Über diese unangenehme alte Sache haben Rolf und ich nicht gesprochen.

Irgendwann zog Rolf mich nicht nur dahingehend ins Vertrauen, dass er mich zwei Mal betrogen habe, sondern weihte mich auch in ganz spezielle sexuelle Fantasien ein. Das war der Stichtag, an dem ich nicht mehr ignorieren konnte, dass ich unsere Beziehung schleunigst beenden musste. Ich beschloss, mich an ihm zu rächen und ihm einen gehörigen Denkzettel zu verpassen. Wenigstens nach außen hin hatte ich ja noch meine Ehre zu verlieren. Nicht umsonst werde ich inzwischen von Freundinnen für meine coole Art bewundert, mit Männern umzugehen.

Ich betrete also jetzt Rolfs Stammlokal. Hervorragend! Martin, Rolfs Freund, ist schon da. Mit Rolf habe ich mich erst in etwa zwei Stunden verabredet.

Zielstrebig marschiere ich auf Martin zu. In Gedanken lasse ich die letzten Wochen guter Vorarbeit Revue passieren. Ich bin siegessicher, denn ich habe Martin im Verdacht, dass er bereits seit Längerem ein Auge auf mich geworfen hat. Wie er mich allein jetzt gerade sehnsüchtig anschaut! Ich nutze die mir verbleibende Zeit und lache und flirte und ziehe alle Register. Es bereitet mir Genugtuung, die Fäden in der Hand zu haben. Nun trennen mich nur noch wenige Minuten von meinem triumphalen Schachmattzug.

Mit einem verführerischen Blick streife ich wie unabsichtlich Martins Knie. Auf eine derartige Andeutung scheint Martin nur gewartet zu haben, und so beugt er sich zu mir, um mich zu küssen. Genau wie ich es mir in bunten Bildern ausgemalt habe: Martin und ich knutschen – umrahmt von Heavy-Metal-Hymnen – vor versammelter Mannschaft in Rolfs Lieblingskneipe. Die Beziehung zu Rolf und die Männerfreundschaft sehe ich somit als beendet an. Wie heißt es so schön? Zwei Fliegen mit einer Klappe.

Lebensabschnittsneubeginn

Ich bin siebzehn Jahre alt. Die Vergangenheit möchte ich nun endlich hinter mir lassen. Ja, ich bin mit Martin einige Monate als Paar aufgetreten. Und ja, ich kann mich schnell auf Situationen einstellen, aber Martin war mir als Mann von Anfang an nicht ganz geheuer. Seine kühle, zurückhaltende Art hatte mich bis zu einem gewissen Grad beeindruckt, seine harte Schale wollte geknackt werden. Ich hatte gute Miene zum bösen Spiel gemacht, denn eines vergaß ich nicht: Schließlich war ich es gewesen, die diese Beziehung willentlich herbeigeführt hatte. Insofern schuldete ich ihm wohl einen ernst gemeinten Versuch.

Nicht schlecht gestaunt hatte ich, als Martin mir beim ersten Wohnungsrundgang stolz seine kleine private Hanfpflänzchenplantage präsentierte. Jede Pflanze wurde von ihm liebevoll mit Namen vorgestellt. Bald schon erkannte ich, dass ich seinem lustvollen Hang zur Strenge ohnehin nur eingeraucht begegnen konnte, da traf sich das mit dem Gewächshäuschen ganz gut. In nebelumwobener Verfassung konnte ich sogar Gefallen an intimen Momenten finden. Martins Anerkennung, die Wirkung, die ich bei ihm hervorrief, gewissermaßen auch die Tatsache, dass ich ihn so fester an mich gebunden hatte, das war mein Lustgewinn.

In einem Buch, das angeblich den sexuellen Horizont erweitert, las ich in der Einleitung folgende Behauptung: Frauen, deren Bestreben es ist, um jeden Preis geliebt zu werden, laufen Gefahr, sich selbst völlig aufzugeben und die eigenen Emotionen zu unterdrücken. Da konnte ich irgendwie nur lachen! Wie gut, dass bei mir von vornherein keine Emotionen im Spiel waren! Für einen Sekundenbruchteil kam mir aber zugegebenermaßen in den Sinn, dass es unter Umständen ganz nett wäre, etwas Schönes zu empfinden. Ob ich meine Dauerhaschwolke dafür brauchte, mich selbst nicht spüren zu müssen?

Wie auch immer: Als ich vermutete, dass Martins sehr ausgeprägter Sexualtrieb in Kombination mit seinem ebenso exzessiven

Rauschmittelkonsum zu Untreue mir gegenüber geführt haben könnte, versetzte mir das einen kurzen schmerzhaften Stich, gab mir aber den Anstoß, dieses Kapitel ohne viele Worte zu beenden.

So, jetzt wird mal kräftig durchgeatmet, und dann bin ich bereit für einen Neustart. Einen Neustart mit Gefühl. Diesmal möchte ich den Hauptpreis gewinnen. Und den habe ich auch seit geraumer Zeit im Auge. Er heißt Georg. Georg ist einige wesentliche Jahre älter als ich, ein großer, stattlicher Kerl, hat blitzblaue Augen und wuschelige lange Haare. Und er fährt, passend zu seinem sportlich-durchtrainierten Wesen, einen absolut geilen amerikanischen Kastenwagen mit Armaturen wie in einem Flugzeug. Das Schärfste wäre, wenn ich als Kopilotin dort Platz nehmen und mit ihm die heimatliche Hauptstraße entlangbrausen könnte. Das wäre ein Aufruhr! Über jeden von uns beiden hat sich ja bereits so mancher Ortsbewohner das Maul zerrissen. Die sollen mal vor der eigenen Tür kehren!

Georg mag mich auch, das sieht man. Eine bekennende Bindung käme für ihn allerdings nicht infrage, dazu sei er zu sehr Freigeist – wie das schon klingt – und ich zu jung, sagt er. Pah, so was kann ich echt nicht mehr hören. Das wollen wir doch mal sehen! Heute Abend werde ich das letzte bisschen männliche Gegenwehr in Luft auflösen. Auch Karin bestärkt mich in meiner Einschätzung, dass Georg bloß Millimeter davon entfernt ist, zu kapitulieren und sich seine Gefühle für mich einzugestehen.

Mit Karin bin ich nur noch im Doppelpack anzutreffen. Wir zwei kennen uns vom Sehen seit Längerem, haben aber erst vor einigen Wochen in einer feuchtfröhlichen Partynacht Schwesternschaft getrunken. Seitdem sind wir unzertrennlich. Der bevorstehende Hüttengaudiabend wird unseren Namen alle Ehre machen: Heute schenken wir beim Maifest am heimischen Sportplatz in unserer eigenen „K&K“-Bar aus. Zu Stimmungsmucke wie Boney M.s „Sunny“ werden wir der versammelten Mannschaft ordentlich einheizen. Bevor die Partygäste eintrudeln, will ich aber, wie gesagt, Georg noch auf die Sprünge helfen und ihm einen Schubs in die richtige Richtung verpassen. Idealerweise bietet sich da gleich ein Kandidat an: Daniel möchte mir zum Auftakt der Fete ein Getränk ausgeben, das kommt mir sehr gelegen. In übertriebener Dankbarkeit und mit großer Aufmerksamkeit widme ich mich also dem als Casanova verschrienen Teamkollegen von Zielperson Georg. So unauffällig wie möglich schiele ich zu Georg rüber. Mein Plan scheint aufzugehen, er beobachtet uns. Als sein vermeintlicher Rivale nun noch näher an mich heranrücken möchte, wirft Georg, wie erhofft, seine Bindungsbedenken über Bord und macht mir fast vorwurfsvoll klar, dass ich doch zu ihm gehöre! Ich goutiere das mit einer schuldbewussten Umarmung und anschließendem Versöhnungskuss. Gewonnen!

Berauschte Erinnerungen einer Hausfrau

Ich bin achtzehn Jahre alt. Zu guter Letzt bin ich nicht nur volljährige Führerscheinbesitzerin, sondern feiere mit Georg Einstand in unserer ersten kleinen beschaulichen Wohnung. Auf dem Papier gehört sie Georg, aber von seinem gemütlichen Zimmer im Hotel Oma hat er sich ja nur seinem „Nussi" (also mir) zuliebe verabschiedet. Der offizielle Abschied von meinem Elternhaus war hingegen schleichend vonstattengegangen, hatte sich meine Family doch längst damit abfinden müssen, dass ich nach Belieben auswärts nächtigte. In jüngster Zeit war ihnen aber aufgefallen, dass gemeinsam mit ihrem Töchterlein Stück für Stück von den jugendlichen Habseligkeiten verschwand. Zwischen einigen Tür-und-Angel-Gesprächen einigten wir uns darauf, dass sie mir zusätzlich zum Taschengeld einen kleinen monatlichen Betrag aufs Konto überweisen. Solange ich noch zur Schule gehe, bekommen sie ja die entsprechende Familienbeihilfe, die auch ihrer Meinung nach jetzt mir zusteht. Coole Sache! Miete und Nebenkosten bezahlt Georg, und für das leibliche Wohl bin ab sofort ich verantwortlich.

Meine neue Rolle als brave Hausfrau gefällt mir. Gerne zaubere ich auch mal ein warmes Essen auf den Tisch und träume von einer kleinen Familie. Am liebsten träume ich, während Georg mir die herrlichsten Fußmassagen bereitet. Von einem Bilderbuchleben in einem Bilderbuchhäuschen mit einem kleinen gepflegten Bilderbuchgarten, davon, eine Bilderbuchehefrau und -mutter zu sein. Und somit endlich mal alles vorbildlich zu machen und kein schlechtes Gewissen haben zu müssen. Und natürlich von Bilderbuchliebe umhüllt zu sein.

Erlebt habe ich ja schon viel. Bis zum Morgengrauen auszugehen, das wird mir aktuell langweilig. Wo andere erst beginnen, sich ans Nachtleben zu gewöhnen, habe ich für den Moment genug gefeiert und auch nichts ausgelassen.

Joints rauche ich aber nach wie vor, auch in dieser hausfraulichen Zeit. Um die Wohnungseinweihung gebührend zu zelebrieren, wird soeben an einem gebastelt. Fast mag ich mir ein Leben – um nicht zu sagen, ein Sexleben – ohne Wundertütchen nicht mehr vorstellen. So wie andere ein Feierabendbierchen zwitschern, so genehmigen wir beide uns halt ab und an eine Hanfentspannung. Und wir sind nicht die Ausnahme.

Manchmal ist mein Herzklopfen so stark, dass ich selbst daran zweifle, ob alles in angehender Bilderbuchordnung ist. Ich würde es offiziell nicht zugeben, aber auch als Einschlaferleichterung muss das Kraut hin und wieder herhalten. Konsumieren möchte ich jedenfalls ausschließlich zu zweit, und das nur in den eigenen vier Wänden, in vertrauter Umgebung. Zu viel Respekt, genauer gesagt, Angst, habe ich vor einer starken Drogenwirkung, die mein Bewusstsein in andere Sphären verschieben könnte. Da habe ich ja bereits leidige Erfahrungen machen müssen.

Georg reicht mir mit einem vorfreudigen Augenzwinkern das gekonnt gedrehte Meisterwerk und ahnt nicht, wohin mich meine Gedankenreise bringt. Sie führt mich nämlich zu einer LSD-Erfahrung, die nun schon bald drei Jahre zurückliegt. Das tut aber dem Schock, der immer noch tief sitzt, keinen Abbruch.

In großer Runde hatte ich mich damals gruppendynamisch um den Finger wickeln lassen und eine halbe Pille genommen – angeblich sei sie stark. Als sich nach fünfzehn Minuten aber nichts Aufregendes tat, machte ich es meinem Nebenmann gleich und warf ganz lässig eine weitere Hälfte nach. Von da an ging die Erlebnisreise rasanter als gedacht los: Wie in einem Achterbahnschlauch fühlte ich mich rückwärts aus der Gegenwart gebeamt. Ich konnte die Leute um mich herum lachen hören und auch verzerrt wahrnehmen, wie sie sich gegenseitig lustige Gesichter schnitten. Aber alles verblasste zusehends. Ich schien den Kontakt zu den anderen zu verlieren. Dafür rückte etwas Neues in den Mittelpunkt meiner Sinneseindrücke: Mir genau gegenüber hing das Bild eines grausigen Drachens, aus dessen weit aufgerissenem Rachen wilde Feuerfontänen spien. Ungläubig und bewegungsunfähig starrte ich das Furcht einflößende Wesen an: Es war zum Leben erweckt worden und kam jetzt direkt auf mich zu! Ich hatte Todesangst. In letzter Sekunde schaffte ich es, die Knie zum Körper zu schieben, den Kopf einzurollen und die Arme zum Schutz um mich selbst zu legen.

Von seltsam klingenden Stimmen wurde ich gefragt, ob alles roger sei, ob es mir gut gehe. Ich konnte beim besten Willen nicht reagieren, meine Gliedmaßen dachten nicht daran, zu folgen. Daraufhin wurde ich von unzähligen Armen aufgezogen und schaffte es in senkrechter Haltung, ein Bein vor das andere zu setzen. Ich hörte jemanden sagen, dass es nun Zeit für ein Cool-down im See sei. Auf der Autorückbank kringelte ich mich ein und hoffte, einfach in Ruhe gelassen zu werden. Doch weit gefehlt: Wieder zupfte einer übermütig an mir herum. Diesmal um mich kichernd darüber zu unterrichten, dass mitten auf der Straße Häuser aus dem Boden sprießten und sich monströse schwarze Löcher auftaten, die uns zu verschlingen drohten. Mich überraschte das nicht ansatzweise; ich war hochprozentig davon überzeugt, dass ich kurz davorstand, durchzudrehen. Gerade als mich die Frage nicht mehr losließ, ob ich für immer in diesem Zustand gefangen bleiben würde, hielt der Wagen abrupt an. Im nächsten Augenblick wurden die Türen unter hysterischem Gelächter von meinen beiden Sitznachbarn aufgedrückt. Aber all ihre Bemühungen, mich aus der Starre zu locken, ignorierte ich, bis man einsah, dass ich wohl nicht in nächtlicher Schwimmlaune sei.

Nach einer einsamen und angsterfüllten Unendlichkeit schaffte ich es, meinen Lidern begreiflich zu machen, sich zu öffnen. Ich musste doch nachsehen, was diesen ohrenbetäubenden Lärm verursachte. Mit Entsetzen blickte ich in riesige Stechmückenaugen, die mich böse anfunkelten. Insgesamt drei Biester, je einen halben Meter groß, konnte ich ausmachen. Ich war auf engstem Raum zusammengepfercht mit einem überdimensionalen Insektentrio!

Mit geschlossenen Augen und zugehaltenen Ohren wiegte ich mich von links nach rechts und von rechts nach links, bis man mir mit den Worten „Das hilft, runterzukommen" einen Jolly hinhielt. Das war dann also die Sorte Joint, die half, nüchtern zu werden.

Kopfschüttelnd nehme ich im Schutz Georgs noch nicht ausgepackter Umzugskartons einen weiteren tiefen Lungenzug, bevor ich ihm die Marihuanatüte wieder reiche. Ich denke mir, dass ich wirklich einen fleißigen Schutzengel haben muss, weil ich heute hier mit Georg im Warmen sitze. Man sollte glauben, dass dieser haarsträubende LSD-Ausflug einen vernünftigen Menschen dazu bewegen würde, ein für alle Mal die Finger von bewusstseinsverändernden Drogen zu lassen.

Das dachte ich an sich auch. Bis zu dem Tag, als ich Zeuge wurde, wie ein entfernter Bekannter neben mir Kokain schnupfte. Von ihm hätte ich mir das echt nicht gedacht. Kai wirkte auf mich ganz und gar nicht außer Kontrolle, eher als hätte er den Durchblick. Da wurde ich dann doch neugierig. Mit gestrichen vollem Näschen riet mir der beflügelte Kai, das niemals auszuprobieren! Bei „Schnee" handle es sich um das reinste Teufelszeug, von dem man nicht mehr leicht loskommen würde. Das alles untermauerte er mit einem lusterfüllten Lachen, was die Sache nicht weniger reizvoll machte. Ha, ich fand, dass ich dem Teufel wohl ein Schnippchen schlagen könne, denn da war bei mir bestimmt keine Suchtgefahr. Ich hatte ja einen regelrechten Horror vor intensiven Drogenerlebnissen. Getrost könne ich das ausprobieren und dann auf meiner Liste der Dinge abhaken, die ich einmal in jugendlichem Leichtsinn getestet wissen wollte.

Es kam anders, tatsächlich wurde ich in diesen magischen Bann gezogen. Das euphorisierende Rauschmittel spielte mir vor, einen extrem klaren Kopf zu haben. Es nahm mir jegliches Minderwertigkeitsgefühl, jegliche Angst und Unsicherheit, leider auch Hemmungen. Und wenn die Wirkung nachließ, dann stellte sich das verhasste Herzrasen nur noch heftiger ein, und mein Körper schrie nach erneutem Pulverkonsum. Ein grauenhafter Teufelskreis. Glück hatte ich insofern, dass Kai, bei dem nach manch elektrisierendem Technomarathon noch weitergefeiert wurde, recht bald der Kokainhahn zugedreht wurde. Das Glück bezog sich nicht nur darauf, denn an dem Tag, als Polizisten Kais Wohnung stürmten, war ich Gott sei Dank nicht vor Ort. Was ich bis dorthin nicht ahnte: Kai verdiente sich mit dem weißen Gift ein Zubrot und führte ein derart ausgeklügeltes Doppelleben, dass nicht mal seine mehrjährige Freundin von seinen Machenschaften wusste. Die hatte zudem noch das Pech, dass sie der Exekutive erst mal beweisen musste, dass sie zu Unrecht verhaftet wurde.

Diagnose: Fehlerhaft

Ich bin neunzehn Jahre alt. Beim Gedanken an das verdutzte Gesicht meiner ehemaligen Rechnungswesenprofessorin muss ich immer noch grinsen. Hatte diese Frau mir doch den Schulalltag gehörig erschwert. Wie oft hatte sie im Sinne der Hausschuhpflicht meine Straßenschuhe konfisziert, Verwarnungen wegen Vorlautsein ausgesprochen oder mich gar direttissima in die Direktion geschickt.

In ihren strengen Augen war ich ein hoffnungsloser Fall. Aus der unangepassten Schülerin konnte ja nichts werden. Da hatte die voreilige Lehrkraft aber gestaunt, als ich nicht nur die Abschlussrede hielt, sondern mir auch ein Zeugnis abholte, das nur um Haaresbreite an einer Auszeichnung vorbeigeschlittert war. Touché!

Dessen ungeachtet hatte ich für die Erreichung meines Abschlussziels gut vorgesorgt: Ich gab das gesamte letzte Schuljahr über Nachhilfe in Fächern, in denen ich dann zur Prüfung antrat. Zwei Schülern unterer Klassen hatte ich zu weit mehr als positiven Noten verholfen. Und neben der Tatsache, dass ich den Stoff selbst am besten verinnerlichte, indem ich ihn erklärte, auch noch meine Finanzen aufgebessert.

In meiner Schullaufbahn habe ich viel geschwänzt, hin und wieder geschummelt und meist nur in den frühen Morgenstunden vor einem Test das Kurzzeitgedächtnis gefüllt. Es war keine Besonderheit, dass ich um vier Uhr aufstand und mir zigarettenrauchend und kaffeetrinkend Lernstoff reinzog. Bereits am Nachmittag durfte man mich allerdings nicht mehr danach fragen. Im Gegensatz zum möglichst unaufwendigen „Hauptsache, ich komme durch!" ist mir sehr wohl bewusst, dass das finale Zeugnis für meine Zukunft von Bedeutung ist. Wen interessiert da noch, was vorher war?

Wo wir gerade von Zukunft sprechen: Neuerdings verbringt Georg seine Freizeit damit, sich in Sachen Computer autodidaktisch fortzubilden. Das ergibt eine stundenlange Debatte, da ich zwar gutheiße, dass er an seiner Karriere schraubt, mich aber vernachlässigt fühle. Schließlich kommt das on top zu seinem intensiven Fußballtraining.

Was ich liebe, sind die leider seltener werdenden Sinn-und-sinnlos-Diskussionen: Um die ganze Welt herum, zum Mond und zurück wird dann analysiert, diskutiert und philosophiert. Oft vergaßen wir alles rund um uns herum und saßen im Morgengrauen noch auf unserer gemütlichen Ledercouch.

Georg wiederum sieht es gar nicht gerne, wenn ich ausgelassen feiere (die fortgehabstinente Phase wurde ausgeläutet) und dabei auch mal mit dem Feuer spiele und fremdflirte. Ein angeregter Blickwechsel, ein kurzes Wortspiel oder auch ein etwas zu vertraut aussehendes Tänzchen. Betrügen würde ich ihn nie, aber der Flirtkick, diese kurzfristigen Ausbrüche in seiner Anwesenheit, das Testen seiner Geduldsgrenzen, halten für mich unsere Beziehung am Leben. Ich hungere nach Aufmerksamkeit, in Sachen eigener Bedürfnisdeckung bin ich nämlich eine verdurstende Blume.

Das Korsett, das sich immer enger um mich schnallt, beginnt mich der Atemluft zu berauben: Der Weg geht eindeutig in eine vorgegebene Richtung. Der Pfeil zeigt auf das vermeintliche Bilderbuchleben, nur ist das für mich trotz unerträglicher Sehnsucht keine romantische Vorstellung mehr. Jeden Sonntag bis ans Ende aller Tage bei Georgs lebensfroher Mama ein Schnitzel ablehnen? Nicht böse sein: Ich hasse Wiener Schnitzel!

Aber weit beklemmender: Sobald etwas Alltag eingekehrt war, verweigerte ich leibliche Liebesbekundungen. Vor allem weil ich mir Georgs Zuneigung sicher war, konnte ich endlich den Stopprufen meines Körpers nachgeben. Georg bemühte sich, das zu akzeptieren und mir – weil er Teile meiner Vorgeschichte kannte – Zeit zu geben. Insgeheim wusste ich es besser: Das würde keine Zeit der Welt heilen können. Aus dem anfänglichen Spiel um Georgs Gunst beginnt nun ungemütlicher Ernst zu werden.

Was bin ich nur für ein eiskalter Mensch? Ein Mensch ohne Liebe. Je hartnäckiger ich es versuche, desto isolierter fühle ich mich. Mein Urteil lässt keinen Zweifel zu: Liebesunfähig. Ich halte nicht einmal mehr eine Umarmung aus. Die Kraft, Theater zu spielen, habe ich auch nicht mehr. Ganz im Gegenteil, der Druck erhöht sich tickend weiter. Meine wahren Gedanken auszusprechen ist keine Option, zu bedrohlich ist meine Angst davor, dann alleine zu sein. Was soll ich nur tun?

Ruhig Blut, ich muss einfach Ruhe bewahren und mich auf die Fakten konzentrieren: Georg ist immerhin mein bester Freund, mit ihm habe ich es wirklich gut erwischt. Das Hauptproblem liegt bei mir und meinem Liebesdefekt.

Fluchtversuche

Ich bin zwanzig Jahre alt. Um nicht im Unruhesumpf unterzugehen, stürzte ich mich im letzten Jahr neben zeitintensivem Studium an der Werbeakademie in die Heimverschönerung. Offiziell gehört die gut siebzig Quadratmeter große Genossenschaftswohnung, die wir vor Kurzem bezogen haben, natürlich wieder Georg. Aber an den Einrichtungsgegenständen habe ich maßgeblichen Anteil. In unserem Arbeitszimmer wurden meine Möbel aus dem Elternhaus installiert. Darüber hinaus habe ich finanziell und handwerklich investiert. Mit einem überdimensionalen Mann schläft man in einem überdimensionalen Bett. Da lag es auf der Hand, das zartrosa Familienerbe zum Gedenken an meinen Großvater vom Dachboden zu schleppen. Das einst eigenhändig von Opa gezimmerte Riesenbett verwandelte ich in einen zum taubenblauen Wäschekasten passenden Schlaftraum.

Ohne Rast und Ruh dekoriere ich ambitioniert und mit einem recht hübschen Geldeinsatz unsere westseitige Behausung. Meine Eltern unterstützen mich, indem sie mir auch weiterhin die teure Ausbildung zur Werbefachfrau finanzieren. Zudem habe ich aber gerade – und das macht mich ziemlich stolz – die erste eigene große Kohle verdient: Im Rahmen der vielen Stunden, die ich in den Räumlichkeiten der Werbeakademie verbracht habe, hat sich mein Studienkamerad Simon bald als idealer Präsentationspartner für echte Kundenaufträge entpuppt.

Als selbst ernanntes Dream-Team haben wir dieselben hochgesteckten Karriereziele. Wir spornen uns gegenseitig zu Höchstleistungen an und ergänzen uns perfekt. Kleine Projekte interessieren uns kaum, ein Big Fish muss es sein. Den angelten wir uns dann auch: Wir gewannen eine Ausschreibung rund um Österreichs größte Werbepreisverleihung. Tagsüber drückten wir also die Schulbank, und abends, oft bis in die Nacht hinein, feilten wir am Konzept zur Umsetzung unserer Vernissage. Wir organisierten, kreierten und texteten. Wir setzten durch, dass ein weiterer Budgettopf aufgetan wurde und die Ausstellung über den einen Anlass hinaus auch noch der breiten Öffentlichkeit zugänglich sein würde.

Für Simon und mich ist es das Größte, dem eigens dafür produzierten Hörfunkspot zu lauschen und dabei unser kreatives Werk im tausendfach gedruckten Begleitkatalog zu bestaunen. Das erhöht die Vorfreude auf den kurz bevorstehenden Galaabend erheblich. Für diese monatelange Aufgabe bekamen wir einen Projektvertrag und ein für uns astronomisch hohes Sümmchen überwiesen. Im Kreise unserer in Ausbildung befindlichen Werbegenossen schweißt es uns Erfolgsberauschte, was manch einer als Überheblichkeit einstufen möchte, noch mehr zusammen.

Diese arbeitsintensive Verschmelzung ist nicht nur Simons Freundin, sondern auch Georg ein Dorn im Auge. Wenn sich seine Eifersucht auf mein Erblühen bezieht, so hat er nicht unrecht. Mit Simon erwache ich wieder zum Leben. Ich genieße es, dass Simon scheinbar genauso gerne Grenzen austestet wie ich und ebenfalls verspielte Züge hat. Der Romantiker macht mir dabei auch schon mal das eine oder andere kunstvoll ausgeschmückte Kompliment – im Stile von: „Was wohl wäre, wenn wir uns als Singles kennengelernt hätten?"

Sicher, seit der ersten Verliebtheitsphase hat sich vieles verändert, das mich damals auch offensichtlich angezogen hatte: Georgs wallende Haarmähne war der Schere zum Opfer gefallen, das affengeile amerikanische Straßengefährt war gegen einen in die Jahre gekommenen Kombi eingetauscht worden, der Sixpack war kleinen Speckröllchen gewichen und am durchschlagendsten:

Der ehemals unternehmungsfreudige Abenteurer war an seinem Computersessel festgewachsen! Der Fairness halber muss ich hier noch mal erwähnen, dass ja auch ich mich um eine Halbdrehung gewendet habe. Von heiß nach kalt. Trotzdem, eines werde ich Georg noch öfters schwören: Mit Simon läuft nichts Betrügerisches. Doch da nützen alle Schwüre der Welt nichts. Georg ist nicht von dieser fixen Idee abzubringen und treibt mich noch ein entscheidendes Quäntchen von sich weg.

Es ist so weit: Summa summarum lassen sich die immer wiederkehrenden Gedanken, dass ich mir mein Liebesleben ganz anders vorgestellt habe, trotz verurteilender Selbstdiagnose nicht mehr unterdrücken. Wenn ich an unsere Beziehung denke, empfinde ich Leere und Unzufriedenheit. Was bleibt mir langsam anderes übrig, als zu kapitulieren? In einem Kraftakt hieve ich all meine Vernunft und auch meine Ich-werde-für-den-Rest-meines-Lebens-alleine-bleiben-Sorgen zur Seite und trenne mich. Aussichtslose Traurigkeit macht sich breit. Damit ich es durchziehen kann, muss ich felsenfest entschlossen sein.

Georgs Versuche, mich umzustimmen, prallen willensstark an mir ab.

Mit Vollgas in eine rosarote Zukunft

Ich bin einundzwanzig Jahre alt. Und wieder einmal die Böse. Viele Bewohner der kleinbürgerlichen Ortschaft machen keinen Hehl daraus, dass sie meinen Schlussstrich verwerflich finden. Der arme Georg. Klar, für ihn ist das alles bestimmt nicht leicht, aber auch ich büße meine Sünden ab. Eine innere Stimme klagt mich kontinuierlich an, dass ich schon wieder versagt habe. Außer Verdammnis und Verzweiflung kann ich nichts fühlen. Was ist nur mit mir verkehrt?

Georg hat um mich gekämpft, er dachte nicht daran, locker zu lassen. Ich verstand mich ja selbst nicht, wie sollte da Georg aus mir schlau werden? Ich wusste ehrlich nicht mehr, was ich denken sollte. Georg erinnerte mich zudem an Scheidungskätzchen Missy, das ich mir so sehr gewünscht hatte. Auch die Wohnungssituation empfand ich als unbefriedigend: Ich nächtigte bei meinen Eltern, obwohl ich echt viel in das gemeinsame Dach über dem Kopf gesteckt hatte. Und auch grundsätzlich hatte ich keine Lust, mein altes Kinderzimmer zu beziehen.

Mehr als genug logische Punkte, um mich dann doch noch einmal eines Besseren belehren zu lassen. Georg hatte wohl wirklich einen weiteren Alles-wird-gut-Anlauf verdient. Kurz bevor ich nach Brighton zwecks Englischintensivierung fuhr, ließ ich mich also breitschlagen, den Inhalt meines Umzugsköfferchens wieder in den geliebten taubenblauen Schrank in Georgs Wohnung zu packen.

Dieses Revival brachte natürlich hohe Erwartungen und Misstrauen mit sich. Es brauchte Raum, um nochmals Nähe zu entwickeln. Freiraum, den ich nicht bekam. Das belastete den geografischen Trennungsmonat extrem. Zurück im Lande, beendete ich unser Drama endgültig. Ich wollte nicht, dass die verbliebene Freundschaft von Achtungsverlust verdrängt werden konnte. Wo ich mich in der Beziehung fast selbst aufgegeben hatte, erweckte nun Georg den Eindruck, das fortzuführen.

Ich machte Georg gegenüber alle Schotten dicht, auch zu meinem Rückfallschutz. Auf meine Zukunft musste ich mich nun konzentrieren, sehen, dass ich nicht untergehen würde, mich irgendwie mit mir selbst arrangieren. So beschloss ich, dass ich es ruhig auch ein wenig positiver sehen könne und die eigene Wenigkeit in einem wohlwollenden Licht statt gefühlskalt einfach mal cool zu finden.

Das passte auch optimal dazu, dass ich ja als neuer Stern am Werbehimmel steil aufzugehen gedachte. Noch vor meiner Abreise nach England hatte ich ein Jobangebot als Assistentin des Leiters der Kundenberatung angenommen. Bereits an meinem ersten Arbeitstag schnupperte ich die Werbeluft bis in die späten

Abendstunden hinein. Entgegen der oftmalig gehörten Aussage vermisse ich die „unbeschwerte Schulzeit“ nicht. Ich ziehe es vor, endlich auch in finanziellen Belangen auf eigenen Beinen zu stehen. Viel cooler.

Noch cooler ist es aber, dass ich mit meinen Kollegen großteils super auskomme und mich mit der Gute-Laune-Rezeptionistin Manu von der ersten Stunde an blind verstanden habe. Am coolsten ist aber unangefochten, dass Manu und ich nach geschlagenen zwei Wochen des Kennenlernens und paralleler Wohnungssuche mal eben beschlossen hatten, eine WG zu gründen. Es läge ja ohnehin auf der Hand, denn auch Manu war einem mehrjährigen Beziehungsnest entflogen. Solo hätten wir uns jeweils mit einer billigen Absteige zufriedengeben müssen, und das kam nicht infrage. Mit zusammengelegten Scheinen reichte es immerhin für zwei getrennte Schlafräume, eine puppenhafte Küche und ein zumindest in den letzten zwanzig Jahren verfliestes Badezimmer. Gegenseitig verhelfen wir uns mit einer gehörigen Portion Ablenkung zu äußerst unbeschwerten Stunden.

Der vom Agenturboss anberaumten Teilnahme am 24-Stunden-Gokartrennen sahen wir zwei Spaßkanonen ebenfalls als willkommene Abwechslung entgegen. Es hätte sowieso kein Entrinnen gegeben, schrieb er doch ein eigenes „Gebetsbuch“ rund um das Event mit dem Motto: „Das Gas ist rechts!“ Mit einem Agenturkollegen wurde ich zur Teamleitung auserkoren. So musste ich zwar nicht die Rennstrecke entlangflitzen, aber unsere Rallyefahrer die ganze Nacht mit schlauen Strategien unterstützen.

Paul, ein mit der oberen Etage bekanntes Teammitglied, legte sich des Nächtens aber nicht wie die anderen aufs Ohr, sondern leistete mir in seinen Fahrpausen Gesellschaft. Gentlemanlike tauschte er in Anbetracht der von Getöse, Gestank und Kälte gefüllten Halle seine kuschelig warme Daunenjacke gegen meine dünnere ein. Überhaupt fühlte ich mich in seiner Nähe wohl und genoss die Art, wie er mich behandelte. So, als sei ich eine Lady. Mit einladender Geste wurden Türen für mich aufgehalten, und Paul geizte auch mit schmeichelnden Worten nicht.

Einige Runden nach dem ersten Hahnenschrei stand fest, dass es für die Crew nicht zum Sieg gereicht hatte, wir aber abtreten durften, um den wohlverdienten Schlaf am angebrochenen Sonntag nachzuholen.

Am darauffolgenden Montag erhielt ich einen Geschenkkorb mit einer von Paul signierten Karte ins Büro geliefert. Das war ja mal ein netter Wochenstart! Obwohl ich nicht gerade in erneuter Bindungslaune war, freute ich mich riesig. Das hatte Paul geschickt eingefädelt, hatte er doch darauf bestanden, dass ich seine Jacke anbehalten sollte. Ausgetauscht hatten wir dann neben den Winterjacken und Telefonnummern auch die vorausgeschickte Haltung, dass wir beide uns aktuell nicht nach einer verpflichtenden Beziehung sehnten. Paul gab zu Protokoll, dass er zwei Partnerschaften in Folge mit einer Laufzeit von insgesamt achtzehn Jahren hinter sich habe.

Nichtsdestotrotz trafen wir uns daraufhin regelmäßig, und Pauls optimistisches Gemüt gefällt mir immer besser. Genauso wie seine vermutliche Lebenserfahrung, die dreizehn Lenze mehr als meine umfasst. Und mir scheint, als würde es Paul in Sachen Zuneigung ebenso ergehen. Und das Herrliche dabei ist, dass er keine Forderungen an mich stellt, während er mich mit schönen Plätzen bekannt macht. Besonders seine wertschätzende Zurückhaltung in körperlichen Belangen rechne ich ihm echt hoch an. In einem passenden Moment habe ich ihm einige Begebenheiten aus der Vergangenheit anvertraut, bei ihm fühle ich mich geborgen und sicher. Er hat sogar ein vorübergehendes Sexverbot ausgesprochen! Der muss mich wirklich mögen! Eine vage Idee, wie es mit ihm in trauter Zweisamkeit wohl sein könnte, und das meine ich allumfassend, nimmt rosarote Formen an.

Nicht nur ein Blechschaden

Ich bin zweiundzwanzig Jahre alt. Paul hat die Gabe, das Schöne in mir zum Vorschein zu bringen. Wahrscheinlich nicht nur in mir. Und Paul hat noch eine besondere Fähigkeit: Er kann Unschönes so schön verpacken, dass ich fast noch Mitleid mit ihm habe. Zum Beispiel wenn es um seine Bindungsunwilligkeit geht. Von Anfang an sei er ja aufrichtig zu mir gewesen. Und da hat Paul tatsächlich recht: Ich wusste, worauf ich mich eingelassen hatte. Aber können sich Dinge nicht ändern?

Ich fand, dass sich die Welt verkehrt herum drehte, wo nun sogar ich wieder bereit für die große Liebe war. Anfangs hatte Paul, bedacht auf Fairness, nebenbei eine Argentinierin erwähnt. Mit an Sicherheit grenzender Wahrscheinlichkeit konnte er die rassige Dame aber seit der Rennnacht nicht mehr besucht haben. Also: Dinge ändern sich. Oder?

Fragt sich nur, ob Paul jemals auf den Luxus verzichten wollte, genoss er doch einen bekömmlichen Mix aus Singlelebenfreiheit und vertrauten Beziehungsabenden. Natürlich war ich mir des Ungleichgewichts bewusst, aber da war die Angst, ihn zu verlieren, käme ich mit Forderungen. Wir durchlebten derart vielversprechende Zeiten, das musste ganz einfach ausbaufähig sein! Schließlich können sich Dinge ändern!

Würde er halten, was meine Fantasie versprach, wäre das meine Traumbeziehung. Ich hoffte darauf, dass er bald so weit sein würde, sich selbst seine Verliebtheit einzugestehen. Oder aus welchem Grund war es sonst nötig, dass er Regeln aufstellte? Maximal zwei-, nur in Ausnahmefällen dreimal pro Woche durften wir uns treffen. Es sei gewissermaßen zu meinem Schutz, damit ich da nicht zu viel hineininterpretiere. Aha.

Irgendwann war mir dann der verzweifelte Kragen geplatzt, und ich hatte Paul ungemütlich vorgeworfen, dass er sich nach wie vor nicht zu uns bekannte. Er wisse ja wohl, wie ich mittlerweile dazu stand, und wenn er mich so gern hätte, wie er behauptete, so selbstlos handeln würde, dann hätte er unsere Nicht-Beziehung längst mir zuliebe beenden müssen. Diskussionen dieser Art folgten noch einige, bevor ich schweren Herzens das Handtuch warf. Desillusioniert machte ich mir eine gedankliche Notiz über die gezogene Lehre: Das hat man wiederum davon, wenn man nicht auf der Gefühlshut ist, wenn man das emotionale Zepter nicht ganz fest in der Hand hält.

Nach einer angemessenen Trauerphase feierte ich alsbald zu „Liebeskummer lohnt sich nicht, my Darling" in altvertrautem Umfeld. Die Truppe rund um meinen Ex Georg war vollzählig an der Bar aufgefädelt und beobachtete jeden Tanzschritt. Spitzbübisch gelaunt veranlasste mich dieses Argusaugengeglotze dazu, ihnen eine fulminante Show zu liefern. Die warteten doch nur darauf, dass sie wieder einmal mit dem Finger auf mich zeigen konnten.

Ich ließ es also geschehen, nein mehr noch, ich ermutigte den extrovertierten, ebenfalls viel betratschten Dieter, mit mir auf rhythmische Tuchfühlung zu gehen. Der hocherfreute Mann ließ es sich in Folge nicht nehmen, eine Flasche vom edelsten Tropfen springen zu lassen. Dieter ist auffallend vom Typ „klotzen, nicht kleckern". Das offensichtliche Zurschaustellen der gefüllten Geldbörse (und auch des gestählten Körpers) liegt mir überhaupt nicht, aber die empörten Gesichter der umstehenden Skandalhungrigen ließen mich das geflissentlich übersehen. Als Georg dann obendrein verjährte Besitzansprüche stellen wollte, reichte es mir, und ich willigte ein, mich von Dieter heimkutschieren zu lassen. Und als ob das dann noch nicht genug Aufregung für eine singuläre Nacht gewesen wäre, hatten wir eine Reifenpanne. Im Morgengrauen chauffierte uns also Dieters Bruder nach Hause. Seines wohlverdienten Schlafes unsanft beraubt, ließ er sich von mir nicht überreden, eine zweite Zieladresse anzufahren.

So kam es also, dass ich mittags in einem fremden Schlafzimmer Tageslicht erblickte – mit Kopfschmerzen und einem wachsenden Schamgefühl. Zur Beruhigung: Ich hatte meine Klamotten an. Geweckt hatte mich Kinderlärm. Hä? Wie ich einige Minuten später erfuhr, hatte der geschiedene Dieter an diesem Wochenende Kinderzeit. Zum Spätaufsteherfrühstück empfingen mich also Dieter, seine beiden Sprösslinge und – man halte sich fest – seine Frau Mama!

Ojemine, ojemine, ojemine. Wie da wieder herauskommen? Erst mal gar nicht. Nun konnte ich mich ja schon immer auf neue, auch unvorhersehbare Situationen gut einstellen. In der Hoffnung, dass sich Dieters Mutter dann verabschieden würde, stimmte ich also unter freudigem kindlichem Beifall einem Spielenachmittag zu. Die beiden Mädchen waren entzückend, wir vier erlebten ein paar überaus unterhaltsame Stunden. Eigentlich war es da um mich geschehen, denn die dreijährige Susanne und die sechsjährige Katja hatten mich längst überredet, dass wir am nächsten Papatag in den Zoo gehen würden.

Verzwickte Lage. Nüchtern betrachtet entsprach Dieter nicht meiner Ehemanncheckliste. Aber die liebevolle Art und Weise, wie er mit seinen Töchtern umging und sich auch um mich sehr bemühte, gab mir einen entscheidenden Ruck. Vorurteile waren mir selbst bestens bekannt, ich wollte Dieter nicht auch noch nur dem Schein nach beurteilen. Hinter jedem steckt eine Geschichte, die es würdig ist, gehört zu werden. Außerdem: Wer wollte denn heiraten?

Halbe Sachen habe ich nie gemacht, so auch diesmal nicht: Dieters bilderbuchhaftes Häuschen mit Swimmingpool lag im idyllischen Grün, sprich viele Autokilometer von meiner Wohngemeinschaft mit Manu entfernt. Ich zog also mit Sack und Pack bei Dieter ein. Damit entfloh ich auch Manus aktueller Männerbekanntschaft: Nicht nur einmal begegnete ich dem nackten Prachtexemplar im WG-Badezimmer.

Mit Dieter folgte eine beschwingte Zeit, die ich am liebsten zu viert, aber auch nicht ungern zu zweit verbrachte. Was mich unheimlich faszinierte, war, dass Dieter mich nie bremsen und am Boden halten wollte. In allem war er noch viel, viel exzessiver als ich. Es dünkte mir, dass auch er die maßlose Variante gewählt hatte, um sich selbst zu spüren. Zusammen brachte das allemal mehr Fun. Mich relaxte das ungemein. Eine gewisse Form der Entspannung bereitete mir auch die Gewissheit, dass das keine ernsthafte Verbindung für die Ewigkeit sei und er zumindest vorgab, keine großen Erwartungen an mich zu hegen.

Wir beiden verrückten Hühner, die wir uns körperlich ganz gut verstanden, buchten ein Tantrawochenende. Ich hatte mich natürlich vorab informiert: Es handele sich nicht um ein Gruppensexseminar, vielmehr ginge es um Vereinigung auf einer höheren Ebene. Das klang doch mal spannend. Gerne wollte ich das ausprobieren, wo mein Lebensabschnittsgefährte derart aufgeschlossen war. Über Schütteltanzmeditationen und Tiernachahmungsspielchen konnte ich mich ja noch köstlich amüsieren. Bald wurde allerdings aus Spaß bitterer Ernst. Es ging darum, sich komplett auf den Partner einzulassen, auf der Liebesebene den verbindenden Kanal zu erweitern. Das war dann der Anfang vom Ende. Da saß ich nun und konnte nicht umhin, mich dem innerlichen Liebesnein zu beugen. Die Übungen, die uns hätten näher zueinanderbringen sollen, bewirkten das Gegenteil: Sie führten mir vor Augen, dass die Zeit gekommen war weiterzugehen.

Möglichst behutsam habe ich vor wenigen Augenblicken versucht, Dieter meine Trennungserkenntnisse zu vermitteln. Während des langen Abschlussgesprächs hat er begleitend einiges getrunken. Das habe ich selbstverständlich registriert. Auf seine erste flehentliche Reaktion folgt eine beängstigende: Er versperrt mir den Weg, will verhindern, dass ich das Haus und somit ihn verlasse. Was soll denn das jetzt?

Zum Glück sind die Kinder nicht da. Eines gibt das andere, und weil mir sein Zustand definitiv nicht geheuer ist, flüchte ich lieber über den Keller, nehme den Garagenausgang und verstecke mich. Wissentlich, dass die Uhr gleich halb fünf schlagen wird, rufe ich meine schlafverdutzten Eltern zu Hilfe, die mir erschrocken versichern, in wenigen Minuten vor Ort zu sein. Dieters Intention, mich mit dem Auto suchen zu fahren, wird im Keim erstickt: Der Betonpfeiler, der seine Einfahrt schmückt, stoppt unsanft seine berauschte Gefühlsmischung.

Dem Himmel sei Dank – es ist nur ein Blechschaden. Neben mir stehend beobachte ich, wie Dieter unversehrt aussteigt, und im nächsten Moment ist auch schon die elterliche Rettung zur Stelle. Auf der schweigsamen Fahrt denke ich an die schönen Patchwork-Familienwochenenden inklusive Italienreise. Auch wenn die Kinder mit Papas wechselnden Bekanntschaften aufgewachsen sind: Beim Gedanken an den Abschied von den Kleinen muss ich seit Langem von Herzen weinen.

Anbaggernot mit Folgen

Ich bin dreiundzwanzig Jahre alt. Irgendwie konnte ich Paul nie ganz vergessen (schon richtig gelesen: Paul, nicht Dieter). Hin und wieder verabredeten wir uns zu einem Abendessen, und eine gewisse Spannung blieb lange zwischen uns aufrecht. Trotz enttäuschter Hoffnungen freute ich mich auch später noch über Pauls Aussage, dass ich zu den wichtigsten Menschen in seinem Leben gehöre. Wir blieben in Kontakt und wurden so etwas wie entfernte Freunde. Sah ich von Pauls damaliger Bindungsschwäche ab, war er wirklich ein prima Kerl.

Und eines musste man ihm lassen: Ohne zu zögern half er mir nach dem turbulenten Beziehungsende mit Dieter aus meiner eiligen Wohnungspatsche. Dankbar bezog ich also meine eigenen vier Wände, die Paul mir zu überfreundschaftlichen Mietkonditionen zur Verfügung stellte.

Neue Einzimmerwohnung, neuer Lebensabschnitt. Und nach dem Prinzip „Wenn schon, denn schon“ hatte ich mich außerdem um einen neuen Job gekümmert. Vom Daumendrehen und Warten auf einen neuen millionenschweren Kunden, der angeblich jeden Moment ans Werbeland gezogen werden sollte, hatte ich genug. Das sinkende Agenturschiff verließ ich gerade noch zur rechten Zeit. Wie ich von den Exkollegen hörte, konnten anstehende Gehälter erst nach Monaten ausbezahlt werden. Das hätte mein lebenslustiger Kontostand nicht so ohne Weiteres überstanden.

Der neuen Werbeagentur empfahl ich jedenfalls auch wärmstens meine neue beste Freundin. Die freischaffende Grafikerin Tina hatte ich über die letzte Arbeitsstelle kennengelernt. Obgleich Tina einige Jährchen mehr auf dem hübschen Buckel hatte und zu dem Zeitpunkt bereits Mutter einer kleinen Tochter war, stand sie mir in ihrer Ausgehfreude in nichts nach. Wir eroberten die Aufmerksamkeit einiger Männerabende, an Getränkeeinladungen mangelte es uns nie.

Auch an diesem späten Freitagabend in einer randvollen Bar ist das nicht anders. Von zwei offensichtlichen Langweilern wird uns Tequila quasi aufgedrängt. Grausiges Gesöff, aber was soll's – Zitrone auf die Haut streichen, etwas salzen, ablecken, weg damit! Brrrrr. Mit verzogener Miene schaut Tina mich bedeutungsvoll an, denn wir müssen uns nun geschickt aus der Affäre ziehen. Auf Plaudereien mit den zahlungswilligen Jungs haben wir keinen Bock. Ich habe eine brillante Idee: Ich werde einfach bis drei zählen, mich umdrehen, und wer dann hinter mir steht, den werde ich in ein Gespräch verwickeln, der soll mein Retter aus der Anbaggernot sein. Das findet auch Tina einen lustigen und schicksalsherausfordernden Plan.

Eins, zwei, drei – los geht's! Ich blicke in große strahlendblaue Augen, die sich in ein ansehnliches Männerantlitz eingliedern. Kismet, hurra! In wenigen Sätzen umreiße ich dem überraschten, aber durchaus schlagfertigen Christoph, ins Ohr schreiend, die missliche Lage. Der waschechte Tiroler nimmt die heldenhafte Retterrolle an. So schnell kann man gar nicht schauen, wird das kleine Barfleckchen von den enttäuschten Tequilaspendern geräumt. Christoph, sein Freund, Tina und ich verbringen heitere, vergnügliche Stunden im Discofieber. Danach geht es zur Würstelbude. Und weil ich mich mit Christoph so gut verstehe, die Nacht noch so jung und zum Spießigsein noch genug Zeit ist und es ja auch der letzte Tag in dieser Welt sein könnte, komme ich noch auf einen Gutenachtdrink mit zu ihm.

Basisentscheidung

Ich bin vierundzwanzig Jahre alt. In Anbetracht meines Vorhabens blicke ich mit einer altbekannten Mischung aus freundschaftlichem Mitleid, schlechtem Gewissen, aber auch einer gehörigen Ladung Erleichterung auf den Bildschirm meines Arbeits-PCs. Für die Angebotskalkulation, der ich mich aktuell widmen soll, habe ich keinen Nerv. Vorher muss ich meinen schweren Kopf entleeren. Das Unvermeidliche lässt sich nicht mehr aufschieben, kein Weg führt daran vorbei.

Da nützt es nichts, dass mir das letzte knappe Beziehungsjahr durchaus freudige Momente beschert hat. Das will ich nicht bestreiten. Nein, ich möchte mich zum Beispiel gerne daran erinnern, wie Christoph mich das erste Mal mit in die bergige Heimat nahm und seinen Kindheitsfreunden vorstellte. Bevor ich als künftige Wahltirolerin vorbehaltlos in die Naturburschenrunde aufgenommen werden konnte, musste ich mich beweisen. Beim Skitag verblüffte ich die Herrenclique mit einer wagemutigen Schussfahrt über eine schwarze Piste, die mit einem spektakulären Sturz inklusive kaputtem Skischuh endete. Die letzten Skeptiker konnte ich im Zuge einer Skitour beim gipfelschnapsenden Verarzten dadurch für mich gewinnen, dass ich trotz fleischiger Fersenwunde tapfer weiter bergauf gestapft war. Da hatte ich den Stadtmenschen alle Ehre machen wollen! Christoph war damals mächtig stolz gewesen, das hatte mir gefallen.

Christoph, seines Zeichens Ski- und Tennislehrer, konnte es mit seiner Sportbegeisterung aber ganz schön übertreiben. Ein Mountainbike musste her. Ich wurde unter Vorspiegelung falscher

Tatsachen („Hinter der nächsten Kehre sind wir oben angekommen, großes Indianerehrenwort!") so lange weiter das Gebirge hinaufgescheucht, bis mir am Ende in der prallen Mittagssonne speiübel war und ich die Lust am Uphill-Biken ein für alle Mal verloren habe. Christoph hatte mich ebenso dazu gedrängt, mit dem Rauchen aufzuhören. Das wiederum hatte mich ob unliebsamer Pfunde in eine grauenvolle Mayr-Kur-Erfahrung getrieben. Daran will ich lieber nicht zurückdenken.

Christoph machte keinen Hehl daraus, dass er nach erfolgreich absolviertem Architekturstudium nun einzig und allein aus dem Grund in Wien geblieben sei, um mir den Gedanken an einen Umzug in sein heiliges Land schmackhaft zu machen. Ich habe nicht vergessen, dass mich der Tiroler Bilderrahmen, in den ich nach und nach hineingemalt wurde, anfangs selbst beeindruckt hat. Nein, ich hatte wahrhaftig versucht, mich passend zu machen, mich neu zu erfinden. Sogar mein Auto habe ich kürzlich verkauft. Zuvor waren wir übereingekommen, dass ein gemeinsames ja reichen würde.

Nach verzweifeltem Grübeln ist mir eines klar geworden: Die Entscheidung, die aktuell ansteht, ist keine geringere als die zwischen Christoph und mir selbst. Da hilft alles nichts, im Zweifelsfall für den Angeklagten, spreche ich mir Mut zu. Bleibt also zur Abwechslung ein missglückter Beziehungsversuch. Aber eines gelobe ich mir, bevor ich eine besiegelnde E-Mail an Christoph tippe: Besserung. An meiner eigenen Frustration habe ich – und das lässt sich nicht abstreiten – aktiv mitgewirkt.

Die Hoffnung stirbt zuletzt: Mit diesen Erkenntnissen im Gepäck klappt es beim nächsten Mal bestimmt. Oder werde ich das niemals erleben, sollte es etwa doch daran scheitern, dass ich gar nicht lieben kann?

Hallo, großer Bär!

Nein, viel zu sentimental. Gelöscht. Noch einmal:

Lieber Christoph!

Nein, das geht auch nicht, zu steif. Entfernen. Also, dann lieber ohne Anrede:

Ich bin leer und ausgebrannt, unfähig, etwas zu fühlen, einfach überfordert. Eine Riesenportion Druck ist abgefallen. Druck, etwas fühlen zu müssen, Druck, unsere Zukunftsvision nicht aufzugeben, Druck, deine Erwartungen zu erfüllen, einfach nur Druck.

Ich bin verwirrt, ob es mir alleine besser gehen wird, ob ich feststellen muss, dass ich grundsätzlich nicht fähig bin, eine Beziehung einzugehen.

Ich glaube, es ist ziemlich viel zwischen uns schiefgelaufen. Nun sind aber Probleme dazu da, sie zu bewältigen, ich weiß. Wenn zwischen uns, also nur Christoph und Kathi, alles passt, dann müssten wir das doch schaffen …

Ich denke, jetzt bin ich beim Kern angelangt: Ich wollte daran arbeiten, dich richtig lieben zu können, endlich glücklich zu sein. Habe eine Therapie begonnen, um meine Gefühle zu finden, den Fehler wieder einmal nur bei mir gesucht. Meine ganze Energie wollte ich darauf verwenden, alles zu retten. Mein Kopf wollte es nicht wahrhaben, aber wie wir wissen, hat sich mein Körper dagegen gewehrt. Ich hatte (und habe) Schuldgefühle, doch kann man nichts erzwingen. Nun habe ich keine Kraft mehr, habe das Gefühl, auf der Stelle herumzutreten, den Glauben an uns verloren.

Es heißt, dass die ersten drei Minuten des Kennenlernens den Verlauf einer Beziehung oft vorhersagen: Kopfebene. An jenem Kennenlernabend bei dir angekommen, verlief es ja nicht gerade vielversprechend. Doch dann durch Zufälle ein Wiedersehen, wir verstanden uns gut.

Wir haben uns auf unsere Version einer Familie Sonnenschein konzentriert. Uns alles ausgemalt und einen unausgesprochenen Vertrag abgeschlossen, dass das umgesetzt wird. Wir haben vergessen, dass die Zukunft immer auch auf Gegenwart beruht. Die Vorstufen haben wir einfach übersprungen. Ich wollte daran festhalten, dass wir diese Phase jetzt noch nachholen können, der Versuch ist jedoch fehlgeschlagen. Ich möchte ein Prickeln erleben, lustig, spontan und lebendig sein, nicht getrübt, belastet und grau.

Es ist viel passiert, es scheint keinen Ausweg zu geben. Für eine Beziehung reicht es nicht, sich wirklich gerne zu mögen, nicht nur wie Bruder und Schwester, wie Vater und Mutter, sondern ganz einfach auch banal als Mann und Frau. Durch das Geschehene hat sich folgende ungünstige Rollenverteilung ergeben: Du drängst mich, und ich kann dadurch nur in Abwehrhaltung gehen.

Ich glaube fast, dass es nach den vereinbarten drei Wochen Abstinenz voneinander immer noch keine Möglichkeit geben wird, dieses Schlamassel zu entwirren.

Senden? … Gesendet.

Juhu, Lösung in Sicht!

Ich bin fünfundzwanzig Jahre alt. Mit Bomben und Granaten wurde das vor zwei Tagen gefeiert. Ein Vierteljahrhundert ist ja kein Klacks. Vor allem, wenn man das mal von der Seite betrachtet, dass das knapp mit meinem mustergültigen Plan wird, noch vor meinem nächsten runden, dem Dreißiger, verheiratet zu sein und zwei Kinder geboren zu haben. Alt fühle ich mich überhaupt nicht. Es stimmt, dass man sich mit sechzehn nicht vorstellen kann, dass ein Dreier vorne kein Hinweis auf ein baldiges Dahinscheiden ist.

Unter all den teilweise noch verpackten Geschenken und Glückwunschkarten befand sich auch eine Clubbing-Einladung. Was, schon heute Abend!? Ehrlich gesagt ist mir die nett gemeinte Geste einer Arbeitskollegin eher lästig, erhole ich mich doch gerade noch vom Hochlebenlassen. Und ab sofort beginnt sowieso ein neuer Abschnitt: Nun fühle ich mich nämlich überaus bereit für die ganz, ganz große Liebe. Diesmal wird es gelingen! Den nötigen Reifegrad habe ich zweifelsohne erreicht, und die

Uhr tickt. Sich wiederholende Beziehungsmuster sind mir ein Begriff, dieselben Fehler muss ich ja nicht noch einmal machen. Nein, das werde ich zu verhindern wissen. Zusammenreißen ist angesagt, einfach mal die richtigen Entscheidungen treffen, im richtigen Augenblick dem Glück winken und „Hierher!“ rufen.

Einem geschenkten Gaul schaut man ja sprichwörtlich nicht ins Maul. Also: Hintern hoch, etwas Leben ins Gesicht malen und dann auf zum Clubbing! Mit so ein bisschen Rouge auf den Wangen und durch dramatisch verlängerte Wimpern blinzelnd, sieht die Welt schon wieder ganz anders aus. In gut gelaunte Klamotten geworfen, stöckle ich auf meinen Lieblings-Highheels los. Heute werde ich noch ein vorläufig (man muss ja nicht gleich kategorisch vorgehen) letztes Mal das Fest feiern, wie es fällt. Im gleichen Atemzug werde ich professionell darüber hinwegsehen, dass mir die ewig gleichen Lieder im Oldiestyle derart zu den Ohren heraushängen. Da bin ich echt froh, dass ich die Gabe habe, Dinge, die nicht zu ändern sind, einfach so zu nehmen, wie sie kommen.

Als nachträgliches Geburtstagsgeschenk gönne ich mir ein Taxi. Ah, sehr gut, da ist Sandra und begrüßt mich erfreut mit einem feinen Gläschen Blubberbrause. Die Hütte ist voll und die Mucke wie befürchtet. Das schreit nach etwas mehr von dem edlen Sprudel und einer Tanzattacke. Nach einem Twist, einem herzzerreißenden Schlager und einer wilden Rock'n'Roll-Nummer mache ich mich bei den ersten Takten von „Skandal im Sperrbezirk“ in Richtung Bar auf. Was zu viel ist, ist zu viel. Außerdem ist es stickig und heiß. Während der enttäuschte Kellner mir auf meine Durstlöschbestellung ein bloßes Glas Leitungswasser kredenzt, erblicke ich keine zwei Meter von mir entfernt: Roland. Roland!

Das gibt es ja gar nicht, nein, so ein Zufall! Ein wohlbekanntes Bild: Roland ist von mehreren gut aussehenden Frauen umgeben, fast umringt. Wenn das mal nicht verspricht, ein gelungener Abend zu werden …

Ein retrospektiver Kurzfilm läuft vor meinem innerem Auge ab: Mit meiner langjährigen Freundin Karin machte ich an einem unschuldigen Sonntagnachmittag einen Faschingsausflug in eine Ortschaft, wo sich sonst Fuchs und Hase Gute Nacht sagen. Karins älterer Bruder hatte mit seinen Freunden ein Wikingerschiff erbaut, das wir unbedingt bewundern sollten. Ich wollte keine Spielverderberin sein und kam mit. Es dauerte exakt fünfzehn Minuten, bis wir den gleichen Promillespiegel wie die behörnten Männer auf den Umzugswägen erreicht hatten. Sekunden nach unserer Ankunft wurden wir entführt. Im Überraschungsmoment von einem besorgten Rettungsteam an eine Bahre geschnallt, wurde uns durch einen Trichter „Medizin“ verabreicht. Nach Einschätzung der Sanitäter brauchten die Patientinnen eine hohe Dosis zum Gesundwerden. Wieder freigelassen, traf ich auf Roland, der es zur Begrüßung gleich mal frech mit einem Vorstellungsküsschen versuchte. Karin warnte mich sogleich, um den Casanova solle ich bloß einen großen Bogen machen, angeblich brach er ein Frauenherz nach dem anderen. Nun denn, die Herausforderung nahm ich an, ein Feuerspiel konnte er haben! Nach einem durchflirteten Sonntag und einem mitternächtlichen Abschiedskuss entschwand ich. Rolands Connections verhalfen ihm zu meiner Telefonnummer, und wir gingen einige Male aus. Ich genoss seine Gesellschaft, aber Roland verliebte sich und verlangte nach mehr. Nach einiger Zeit, die keine Veränderung in meiner damaligen Gefühlslage hervorbrachte, löste er unser freundschaftliches Verhältnis.

Inmitten des Clubbingfiebers starre ich immer noch – begleitet vom „Let it be“-Sound der Beatles – in das imaginäre Narrenkästchen, als mich der Gedanke des Jahrhunderts erreicht: „Roland wird mein Ehemann!“ Ja klar, alles muss zur rechten Zeit eben kommen, wie es kommen muss! Zielstrebig bahne ich mir meinen Weg hinüber zu Roland. Als sein Blick an meinen Augen haften bleibt und er mich anstrahlt, weiß ich: *Alea iacta est.* Die Würfel sind gefallen.

Turbulenzen auf der Zielgeraden

Ich bin sechsundzwanzig Jahre alt. So alt musste ich werden, bis ich erstmals im Winter den Süden besuchte. In der hurghadischen Hotelburg hat es mir jedoch überhaupt nicht gefallen. Auch in Ägypten geht im November die Sonne früh am Nachmittag unter. Meist wehte starker Wind, am Strand fühlte sich das dann an wie ein Sandsturm. Das Abendessen konnte aufgrund der abfallenden Nachttemperaturen nur in den zugigen Hotelinnenräumen eingenommen werden. Rund um das All-inclusive-Gelände fand man gähnende Leere vor. Das Abendhighlight beschränkte sich somit auf einen kleinen schwarzen Flimmerkasten namens Fernseher. Für Highlights anderer Art war ich auf Rolands Knopfdruck hin nicht in Stimmung. Wie war das gleich noch mal mit „Männer kommen vom Mars, Frauen von der Venus"? Marsbewohner verfügen – auch meiner Erfahrung nach – recht gerne über triviale Verhaltensmuster. In Sachen längerfristiger Bedürfniserfüllung plädierte ich allerdings vehement auf Horizonterweiterung!

Mein Gemüt erhellte sich jedoch ungemein bei der Aussicht auf einen städtischen Schaufensterbummel. Aus dem Taxi warfen wir uns dann ins urbane Getümmel und kamen an einem Juwelier nach dem anderen vorbei. Von einer bestimmten Ausstellungsvitrine wollte ich mich nicht so schnell wieder fortziehen lassen. Hatte ich doch soeben meinen Traumverlobungsring entdeckt. Definitiv Liebe auf den ersten Blick! Was mich sehr freute, war Rolands erwachtes Schmuckinteresse, aber von Anprobieren hielt er nichts. Stattdessen wies er mich auf einen geschmacklosen Ring hin, eher so Marke Kaugummiautomat. Enttäuscht, vielleicht sogar ein wenig schmollend, schlenderte ich also weiter neben ihm her.

Als Roland sich am nächsten Tag aber unter dem Vorwand des Gewürzkaufens nochmals alleine in die Stadt verabschiedete, zauberte das ein breites wissendes Grinsen auf mein Gesicht. Natürlich erst, als Roland außer Sichtweite war.

Nach ein paar abwartenden Stunden kam ein fröhlich pfeifender Roland zur Zimmertür herein. Erwartungsfroh fixierte ich ihn mit großen rehbraunen Augen: Gewürzsäcke hatte er wohl alibihalber gekauft, das war genug für die ganze Familie. Ein guter Schauspieler, das musste man ihm lassen. Im nächsten Moment warf Roland mir mit den zwanglosen Worten „Hab dir auch was mitgebracht!" ein Schächtelchen aufs Bett. Gut, romantisch war das ja nicht gerade. Etwas verdutzt öffnete ich daraufhin also die Schatulle. Und was kam zum Vorschein? Der Kaugummiautomatenring! Roland ermutigte mein fassungsloses Selbst, es solle ihn doch gleich mal überstreifen. Gerettet wurde die Situation ganz sicher auch nicht dadurch, dass der Ring meinen Daumenumfang noch um einiges überragte. Das gab dicke Krokodilstränen. Der erschrockene Roland wusste sich ob seines etwas unglücklich gelaufenen Ablenkungsmanövers nicht anders zu helfen, als mir einen Wink mit dem Zaunpfahl zu geben, dass noch nicht aller Tage Abend sei ... Das sind meine einprägsamsten Erinnerungen an den antragsfreien Ägyptenurlaub.

Was Roland nicht ahnt, ist, dass ich nach unserer Heimkehr in den Arbeitsalltag, nachdem dann auch Weihnachten und Silvester relativ ereignislos vorübergegangen waren, dass ich also in einer Schublade per Zufall auf den „echten" Ring stieß. Zu Rolands Verteidigung muss man festhalten: Dieser hier schmiegt sich hervorragend an meinen noch nicht verlobten Finger. Ach so, ja, ich habe ihn auch hin und wieder so zwecks Eingewöhnung anprobiert.

Zu einer Gewohnheit ist es übrigens auch geworden, dass gemütliche Jogginganzugabende überhandnehmen. Tja, diese ewigen Singlemänner, die ständig auf Achse waren, halten einfach nicht, was sie einst an geballter Lebenslust versprachen. Da verhält es sich bei Roland nicht anders als bei manchem Vorgänger. Mit seinem ganz plötzlich aufgetretenen Couchverlangen inklusive hemmungsloser Schlemmergelüste macht er es meinen Verflossenen ziemlich gleich. Sicher, Liebe geht bekanntlich durch den Magen. Und große Liebe hat entsprechenden Bärenhunger, oder wie?

Freundinnen erinnern mich regelmäßig daran, dass das wohl besser sei, als daheim zu bangen und seiner Rückkehr zu harren, während der Pantoffelheld sich im Nachtleben vergnügt. Ich sehe die Sache in einem etwas anderen Licht: Ich denke gar nicht daran, mich zu Hause sitzend zu sorgen. Für mich ist es durchaus in Ordnung, wenn Roland zu einem Männerabend loszieht. Trotz meiner Vergangenheit, da vertraue ich ihm. Was würde mir ein Partner nützen, der nur deshalb treu ist, weil er von der Gattin an der kurzen Leine gehalten wird? Außerdem bin ich da schon öfter mal unter den Eingeweihten gewesen, wenn ein Mann seiner Frau – eben aufgrund solcher Einsperrversuche – von der vermeintlichen Geschäftsreise aus zahme Bussis und Hab-dich-lieb-Schwüre geschickt hat. Und im gleichen Atemzug im Männerurlaub kein Kostverächter war. Nein, das ist mir zuwider, ich will nicht belogen werden und es auch nicht mit Verboten herausfordern. Roland ist ja kein Kind, er muss selbst wissen, was er tut. Wir reden offen miteinander, und ich kann mich absolut auf ihn verlassen. Das ist ein gutes Gefühl.

Überhaupt ist Vertrauen ja die Quintessenz einer funktionierenden Partnerschaft, nur darauf kommt es an. Tausend Rosen auf meine Fantastereien einer innigen oder sogar noch romantisch-zärtlichen Herzensvereinigung, das ist ja naiv. Ich habe wirklich einen Volltreffer gelandet, ich weiß, dass viele Damen nur allzu gerne an meiner Stelle wären. Roland ist ein Mann zum Heiraten. Apropos: Zu Weihnachten hat Roland mir eine New-York-Reise geschenkt, und diesmal versucht er gar nicht, es auf Biegen und Brechen vor mir zu verheimlichen: Dort wird er mir nach allen Regeln der Kunst endlich die lang ersehnte Frage stellen. Gut Ding braucht Weile. Jetzt kann nichts mehr schiefgehen, der Hochzeits-Countdown läuft!

KATHARINA

Ich ließ mich suchen von denen,
die nicht nach mir fragten,
ich ließ mich finden von denen,
die mich nicht suchten.

Jesaja 65,1 (L)

April 2005

Es war an einem wunderschönen Mittwoch Anfang April, als ich nach einem Kundentermin in der Innenstadt die belebte Fußgängerzone betrat. Leichten Schrittes machte ich mich auf den Weg zurück ins Büro. Ich ging einen kleinen Umweg, da ich mich in dem piekfeinen Hochzeitsladen von Einladungstexten inspirieren lassen wollte. Während der letzten Wochen hatte ich unzählige Hochglanzmagazine durchgeblättert. Auf der Suche nach dem perfekten Farbton für die Dekoration der Hochzeitstafel, dem elegantesten Brautkleid, dem extravagantesten Blumenschmuck und nicht zuletzt auf der Suche nach dem allerschönsten Trauring.

Es gab nahezu kein anderes Thema mehr. Meine beiden verheirateten Arbeitskolleginnen, mit denen ich nicht nur ein Bürozimmer teilte, hatten mir alles Wissenswerte rund um eine Trauung vermittelt.

Der Hochzeitstermin stand schon fest. Da Roland und ich noch im selben Jahr heiraten wollten, musste rechtzeitig die Traumlocation gebucht werden. Erst an diesem Vormittag hatte ich online einen Standesamttermin reserviert. Besichtigungen kleiner Schlösschen in der Umgebung waren auch arrangiert. Der gesellschaftliche Event, wenn man so will, sollte am Wochenende nach dem gesetzlichen Jawort stattfinden.

Einige unserer Freunde und auch die Familie waren hinter

vorgehaltener Hand in unsere Pläne eingeweiht. Nur eines gab es eben noch nicht: einen standesgemäßen – mit anderen Worten offiziellen – Heiratsantrag. Doch der schien ja in Kürze bevorzustehen, nur sechs Tage nach diesem wunderschönen Mittwoch Anfang April sollte es auf die Verlobungsreise nach New York gehen. Ich war mir zu hundert Prozent sicher, dass ich dort die lange und ungeduldig ersehnte Frage gestellt bekommen würde. Viel lieber wäre ich längst ratzfatz verlobt gewesen. Den Antrag hätte ich ja wie gesagt im Novemberurlaub, zu Weihnachten oder spätestens zu Silvester des Vorjahres erwartet. Immerhin redeten wir seit vergangenem Herbst darüber, eine Familie zu gründen. In mehreren nächtlichen Gesprächen ging es um unseren Kinderwunsch. Im März hatte ich aus diesem Beweggrund das Rauchen endgültig aufgegeben. Wir versuchten bereits, den passenden Zeitpunkt zu erörtern, die Antibabypille abzusetzen. Das war keine leichte Materie, schließlich dauert es einerseits, bis frau statistisch gesehen schwanger wird, andererseits kann die Hormonumstellung zu Akne führen. Und wer träumt schon davon, eine pickelige Braut zu sein?

Am schwierigsten war es damals für mich, das Datum der Hochzeit zu wissen und es nicht laut hinauszuschreien. Wir erinnern uns: Es war noch geheim, öffentliches Freuen wäre also unpassend gewesen. Ganz schleichend hatten wir es den Personen erzählt, die unbedingt Zeit haben sollten, diesem Tag aller Tage beizuwohnen. Und meine Eltern wollte ich zudem ja auch vorwarnen, finanziell gesehen.

Ich ging also an diesem wunderschönen Mittwoch Anfang April, unverlobterweise, in den piekfeinen Hochzeitsladen. Um herauszufinden, ob es sich denn tatsächlich gehöre, dass die Brautleute nicht selbst die schriftlichen Verkünder der frohen Botschaft seien. Es lag wohl daran, dass ich mich in einem recht konservativen Geschäft befand, jedenfalls wurde hier Rolands Meinung bestätigt: Unsere Eltern sollten die Absender der Hochzeitspost sein. Ich ließ mir noch ein paar Muster unter dem Vorwand mitgeben, dass ich das Layout mit meinem Zukünftigen abstimmen müsse. In Wahrheit hatte ich die Zusage einer Freundin, dass sie die Einladung gestalten würde. Es hatte durchaus Vorteile, in einer Werbeagentur zu arbeiten. Denn auch die Produktion der einheitlich designten Kuverts, Tisch- und Menükärtchen, Kirchenblätter, Gastgeschenkspäckchen und so weiter war ausgemachte Sache.

Ursprünglich hatte ich vorgehabt, nochmals zurück ins Büro zu gehen, um einige Punkte auf meiner To-do-Liste abzuarbeiten. Wie aus dem Nichts aber überkam mich eine unwiderstehliche Lust, dem beruflichen sowie dem Eheschließungsalltag zu entfliehen. Und noch eine kleine vorsommerliche Shoppingtour zu unternehmen. Bevor ich mich diesem Laster hingab, rief ich meine beiden Bürofreundinnen an, um mitzuteilen, dass wir uns zwecks gemeinsamer Abendgestaltung später gleich direkt im Restaurant treffen würden.

Nicht nur an diesem wunderschönen Mittwoch Anfang April shoppte ich, als gäbe es kein Morgen. Zeit meines Lebens war es für mich die herrlichste Entspannung, Kleidungsstücke und Accessoires erst gedanklich zu kombinieren und sie dann bei Gefallen anzuprobieren und ohne viel Umschweife zu kaufen. Es fühlte sich irgendwie nach Freiheit an. An besagtem Nachmittag war mein Verlangen nach Freiheit wohl ziemlich groß, den vielen Einkaufstüten nach zu urteilen. Besonders in Erinnerung ist mir ein sauteurer babyrosa Sommermantel. Mehr so ein Hauch von Mantel. Die mahnende Finanzstimme in mir setzte sich nicht durch. Generell konnte mein Freiheitsgefühl gesteigert werden, indem ich mir Dinge leistete, die vielleicht unnütz, aber einfach schön waren. Die jahrelangen Bemühungen meiner Eltern, mir einen verantwortungsvollen Umgang mit Geld auf den Lebensweg mitzugeben, waren noch nicht aufgegangen. Wo sie vorlebten, Konsumgüter nur dann zu kaufen, wenn sie gebraucht würden, schlug das Pendel bei mir in die Gegenrichtung aus: Ich hatte eine Vorliebe für schöne Dinge, die man definitiv nicht braucht.

Zurück zum schönen Mantel: Bis heute kann ich die Tage, an denen ich ihn getragen habe, an einer Hand abzählen. Entweder ist es so heiß, dass man gar nichts zum Drüberziehen benötigt, oder man braucht zumindest eine dünne Jacke oder einen leichten Pullover, um nicht zu frösteln. Die perfekte Temperatur für einen Sommermantel gibt es nicht. Aber er hängt noch heute gut sichtbar an einem meiner Garderobenhaken und bringt mich jedes Mal zum Schmunzeln, wenn ich ihn erblicke.

Um ein Haar hätte ich die Zeit übersehen und wäre zu spät zum vor Wochen vereinbarten Abendessen mit erwähnten Heiratsspezialistinnen Sandra und Martina gekommen. Mit einem Aperitif stießen wir inoffiziell auf das Thema Nummer eins an. Jawohl, nicht allzu schwer zu erraten, meine bevorstehende Hochzeit. Bald würde ich also in den Kreis der verheirateten Frauen aufsteigen. Die beiden schwelgten in Erinnerungen an den großen Tag und ließen ihre Highlights Revue passieren. Wir unterhielten uns angeregt und tranken zum Essen das eine oder andere Gläschen. Irgendetwas lag in der Luft, denn es war untypisch für diese Dreierkonstellation, dass wir trotz vorgeschrittener Stunde noch auf einen Absacker in eine nahe gelegene Bar gingen. Wir zählten zu den letzten Gästen, als der Barinhaber uns mit einer Flasche Prosecco und einem Schüsselchen Oliven überredete, zu bleiben.

Weit nach Mitternacht verließen wir das Lokal. Bewaffnet mit meiner Shoppingausbeute ging ich leichtfüßig neben den beiden Frauen her. In den paar Minuten auf dem Weg zum nächstgelegenen Taxistand genossen wir die erfrischende Nachtluft. Auf halber Strecke hatte ich die ultimative Idee: Nun, nachdem es ohnehin sehr spät sei, wäre es doch auch schon egal, wenn wir obendrauf eine Runde tanzen gingen. Das morgendliche Aufstehen zwecks Dienstantritt war an dem angebrochenen Donnerstag ohnehin fraglich. Gesagt, getan: Wir stiegen ins Taxi. Nur ließen wir uns eben anstatt nach Hause zum Clubbing chauffieren.

Befreiend war das – richtig hemmungslos gefeiert hatte ich

echt lange nicht mehr! Zu nachtschlafender Stunde traf ich Sandra und Martina zufällig auf der Toilette. Willensstark schlugen sie vor, gleich den Heimweg anzutreten. Ich bat sie noch geistesgegenwärtig, mich für den bevorstehenden Arbeitstag wegen Unpässlichkeit zu entschuldigen und sich übergangsmäßig meiner Einkaufstüten anzunehmen. Denn ich hatte noch nicht vor zu gehen, das war mir einen kurzfristig einberaumten Urlaubstag wert. Meinem Motto, „Jetzt ist es sowieso schon egal", blieb ich treu.

Ausgelassen tanzte ich zu einigen Liedern. Dazu trank ich ein, zwei – wahrscheinlich eher vier Drinks.

Es dämmerte, als ich die Stufen aus der Diskothek hinaufstieg. Ich beschloss, mir beim Würstelstand noch eine Kalorienbombe mit reichlich Senf, Ketchup und einer Prise Curry zu gönnen.

Ehe ich mich versah, befand ich mich in einem lebhaften Gespräch mit einem Typen namens David. Auch er wollte vor der Heimfahrt noch ein Gutenachtwürstchen zu sich nehmen. Irgendetwas an ihm zog mich magisch an. Angeregt unterhielten wir uns über Gott und die Welt. Nach einiger Zeit wechselten wir wie selbstverständlich in ein Frühstückslokal. Draußen war es hell, die Frühaufsteher waren auf dem Weg zur Arbeit. Beide wollten wir der Nacht keine Chance lassen, zu enden. Wir redeten und redeten.

David war anders als die anderen nächtlichen Schwärmer. Es ging ihm wirklich nicht darum, eine Frau abzuschleppen. Ich hatte das Gefühl, als öffneten seine Worte, seine Art, mich anzusehen, eine Tür in meinem Herzen, die ich während all der Jahre krampfhaft verschlossen gehalten hatte. Meine Liebesgeister kehrten zurück. Und mit ihnen erwachten Bedürfnisse und Hoffnungen, die ich längst begraben glaubte. Durch David konnte ich mich wieder spüren. Von einer Sekunde auf die andere war es glasklar: Ich durfte nicht heiraten! Ich lebte ein fremdes Leben, und diese Last drohte mich zu erdrücken. Nur unter diszipliniertem Energieeinsatz hatte ich verhindern können, dieser Tatsache ins Auge zu schauen. Aber so sehr ich es erzwingen wollte, ich liebte auch diesmal nicht.

Inmitten dieser Momente, in denen ich mich mir selbst näher denn je fühlte, läutete mein Handy. Davids Augen blitzten abenteuerlustig, und er hob einfach ab, um Tina zu sagen, dass es mir gut gehe und ich nicht heiraten werde. Natürlich wollte sie mit mir persönlich sprechen und mich zur Vernunft bringen. Ich hörte David sagen, dass diese Begegnung zwischen uns schicksalhaft sei und er wohl heute die Mutter seiner Kinder kennengelernt habe. Ich war verzaubert und schwebte im luftleeren Raum. Auch wenn es nur Situationsromantik war, es berührte mich bis in die kleine Zehe. David, den ich seit ein paar Stunden kannte, weckte eine Sehnsucht in mir, von der ich nicht mehr zu träumen gewagt hatte.

An Schlafengehen war nicht zu denken. David lud mich ein, noch einen Sprung mit zu ihm zu kommen. Auf dem Piano spielte er mir einen selbst geschriebenen Song vor. Seine Blicke und seine Stimme gingen mir durch und durch. Wir versuchten den Zauber nicht zu verlieren und trotzten der herannahenden Müdigkeit. Unausgesprochen war klar, dass jeder wieder in seinem Leben aufwachen würde.

Wie in Trance rief ich Roland an und sagte ihm nichts als die pure Wahrheit: „Ich bin bei einem Mann namens David … Nein, körperlich ist nichts passiert … Aber ich kann dich nicht heiraten."

Von Minute zu Minute ließ die berauschende Wirkung des Alkohols nach, und die Sorgen bahnten sich ihren Weg. Ständig läutete das Telefon. Noch war ich nicht bereit, mich den Konsequenzen zu stellen.

Gegen Mittag riss ich mich los, um nach Hause zu fahren. Zu erklären hatte ich ja einiges. David speicherte seine Nummer in mein Handy. Ein letztes Mal stoppte er mich, als ich auf der Türschwelle stand. Er bat mich, einige Augenblicke innezuhalten, er wolle sich mein Bild einprägen. Mit dem leisen Einschnappen seiner Eingangstür, die ich hinter mir zuzog, verließ ich die märchenhafte Szene.

Als würde ich schlafwandeln, betrat ich die Wohnung, in der Roland und ich die letzten eineinhalb Jahre zusammengelebt hatten. Genau genommen war es nicht unsere, sondern seine Wohnung. Meine kleine Garçonniere hatte ich zu Beginn unserer Beziehung recht bald aufgegeben. Um mich in die Realität zurückzuholen, nahm ich eine kalte Dusche. Mit nassen Haaren kauerte ich mich aufs Sofa und rief Roland an. Am Morgen war er – bevor ich ihm die Hiobsbotschaft übermittelt hatte – wie jeden Tag in den familienbetriebenen Freizeitklub aufgebrochen. Wenigstens war er jetzt nicht alleine, dafür sprachen auch die Versuche seiner Mutter, mich telefonisch zu erreichen.

Ich fühlte mich schrecklich, war mir der Richtigkeit meiner intuitiv getroffenen Entscheidung aber absolut sicher. Rolands Stimme klang fürchterlich. Die neue Sachlage war für uns beide nicht zu begreifen.

Er sagte, er habe das Vertrauen in mich nicht verloren, da ich ihn, anstatt zu lügen, mit der Realität konfrontiert hatte. „Ich verzeihe dir und werde die Nacht bei meinen Eltern verbringen. Bekomm du erst mal einen klaren Kopf, und morgen reden wir in Ruhe darüber." Er schien daran festzuhalten, dass alles in gewohnte Ordnung kommen würde.

Schlafen konnte ich nicht, essen konnte ich nicht. Ich befand mich in einem schockartigen Zustand. Ironischerweise kam es für mich genauso unerwartet wie für Roland. Ja, es hatte rückwirkend betrachtet einige Alarmsignale gegeben, aber wie voll musste mein unterbewusstes Fass gewesen sein, dass es nun unwiderruflich explodiert war?

Ich verspürte das Bedürfnis, die ungewohnte Stille, diese Leere mit Musik zu füllen. Noch nie zuvor hatte ich mir diese CD angehört, die ich zielsicher aus dem Holzregal nahm. Sie stach heraus. Shaina Noll, „Songs for the Inner Child". In einer Endlosschleife hörte ich ein einziges Lied. Es war wie eine Meditation.

Nichts anderes war mir möglich, als Löcher in die Luft zu starren und diesem Song zu lauschen: „You Can Relax Now“. Immer und immer wieder.

You can relax now
Come on and open your eyes
Breathe deeply now
I am with you.
Oh my sweet sweet child
Who do you think you are
You are the child of God
And that will never change.

You had a dream
You misunderstood
You thought we were separate
But now you hear my voice and
You can relax now
Come on and open your eyes
And breathe deeply now
I am with you.
You are the love of my life
You are my one creation
You are eternity
And that will never change.

You had a dream
You misunderstood
You thought we were separate
But now please hear my voice and
You can relax now
Come on and open your eyes
And breathe deeply now
I am with you.

You are the love of my life
You are my one creation
You are eternity
And that will never change
You can relax now
I'm with you
You are the child of God
And that will never change
You can relax now
You are the child of God.[1]

Mai 2005

Am schlimmsten war das Gefühl, als ich realisierte, kein eigenes Leben zu haben. Es schien nichts übrig zu bleiben, aus dem ich schließen konnte, wer ich – auf mich alleine gestellt – überhaupt war. Ich hatte in Rolands Wohnung gelebt und seinen Freundeskreis angenommen. Nahezu meine gesamte Freizeit verbrachte ich auf dem familieneigenen Klubgelände. Unsere gemeinsame Zukunft war geplant: Hochzeit, dann Kinder. Grundrisspläne vom Haus meiner Träume hatte ich bereits auf Millimeterpapier gebracht. Meinen Job als Kundenberaterin in einer Werbeagentur, der mich die längste Zeit nicht mehr herausforderte, hatte ich aufgeben wollen. Um neben Roland als Juniorchefin im Betrieb mitzuarbeiten.

Wie oft hatte ich von meinem Umfeld gehört, dass ich die glücklichste Frau auf Erden sein müsse: Ein gut aussehender, intelligenter Mann, der mich über alles liebt. Traumhafte Perspektiven, sowohl in familiärer und gesellschaftlicher als auch in finanzieller Hinsicht. Wenn ich innerhalb unserer Beziehung diesen leichten Anflug vom Unglücklichsein, von Unzufriedenheit gespürt hatte, bezichtigte ich mich, nicht ganz bei Trost zu sein. Ständig beunruhigte mich der Gedanke, dass bei mir eine grundlegende emotionale Schraube nicht nur locker sei, sondern gänzlich fehlte. Die permanente Anstrengung, die das Ankämpfen gegen meine eigenen Gefühle mit sich brachte, war schlichtweg zu einem Teil von mir geworden. Auf die Idee, dass es okay sei, ihn trotz aller Pros einfach nicht zu lieben, kam ich nicht.

Ich hatte früh gelernt, meine Entscheidungen eher mit dem Kopf als aus einem Gefühl heraus zu treffen. Dies, so fand ich, galt es nun zu ändern. Nach dem instinktiven Startschuss, den Davids Aura ausgelöst hatte, war ich wild entschlossen, meinen Empfindungen auf die Spur zu kommen. Die logische Folge war, meine rationale Seite auszuschalten. Die jüngste Devise lautete: „Lass dich treiben, mach genau das, was dir gerade einfällt!“ Die Vermutung liegt nahe, dass ich zielstrebig ins nächste Drama schlitterte. Ich zog an Emotionen orientierte, kreative Personen förmlich an. Wo ich zuvor eine Welt voller bodenständiger Mitmenschen erlebte, offenbarte sich mir ein neues Feld. Ich lernte also vorwiegend gefühlsgesteuerte Menschen – Männer – kennen. Doch auch auf diesem Gebiet musste ich relativ bald feststellen, dass die Konzentration auf das andere Extrem wohl nicht die Lösung meiner Probleme darstellte.

Ganz im Gegenteil, dafür sprach die völlig außer Kontrolle geratene Begebenheit im Rahmen einer mehrtägigen Seminarreihe: Des Abends wurden wir mit zünftigen Gaumen- und Hörfreuden verwöhnt. Zu fortgeschrittener Stunde trat ich nach draußen, um die reinigende Nachtluft tief einzuatmen. Ich hatte gar nicht darauf geachtet, dass die aufmerksamen Kellner alle paar Minuten die Gläser wieder mit Jahrgangstropfen auffüllten. Beschwingt setzte ich mich unter einen der aufgespannten Sonnenschirme, der mich vor dem heftigen Regenguss schützte. Michael hatte scheinbar die gleiche Frischluftidee, als auch er die Terrasse betrat.

Michael war dazumal ein Ausbilder gewesen. Und nun kreuzten sich unsere Wege erneut. Beiden war uns die vormittägliche Überraschung ins Gesicht geschrieben, als sich unsere Blicke beim Hotel-Check-in getroffen hatten. Folgendes zur Vorgeschichte: Es war einmal ein Praktikumsplatz, den Michael mir mündlich zusagte. Monate danach, meine Ausbildungskollegen hatten mittlerweile alle eine Stelle für die Ferien gefunden, erkundigte ich mich nochmals bei Michael, ob wir die Abmachung endlich schriftlich festhalten könnten. Verunsichert teilte er mir damals mit, dass er aufgrund interner Differenzen neuerdings bei Praktikantenstellen kein Mitspracherecht mehr habe. Das konnte ich nicht fassen: Alle anderen guten Praktika waren bereits unter Dach und Fach! Zwischenzeitlich hatte ich Angebote abgelehnt! Ich denke, es ist nachvollziehbar, dass ich stinksauer und Michael fortan feindlich gesinnt war. Er hätte mir doch zumindest gleich von sich aus Bescheid geben können.

An diesem verregneten Frühsommerabend – einige Jahre später – setzte sich Michael also neben mich. Und fragte, wie es mir in den letzten Jahren ergangen sei. Eine gewisse Anspannung zwischen uns war spürbar. Dass es sich unangenehm anfühlte, hätte ich aber nicht behaupten können. Eher aufregend und – meiner aktuellen Lieblingsempfindung entsprechend: lebendig. Mein neues Ich empfahl mir sogleich, einfach nur zu spüren. Und mich dem zu öffnen, was auch immer auf mich zukommen möge.

Wir unterhielten uns alsbald ziemlich angeregt, und ich offenbarte ihm, dass ich mich in einer Selbstfindungsphase befand. Michael war mit seiner unkonventionellen Art und seinen verständnisvollen Inputs ein mutmachender Gesprächspartner. Vertieft in unsere knisternde Unterhaltung, hatten wir gar nicht gemerkt, wie die Zeit verrann. Plötzlich wurde es laut um uns herum. Allgemeine Aufbruchstimmung. Als wir uns den anderen zum obligaten Fluchtachterlkonsum anschlossen, ernteten wir einige neugierige Blicke. Michael wisperte mir irgendwann seine Zimmernummer ins Ohr und zog sich dann zurück. Teufelchen und Engelchen in mir lieferten sich Wortgefechte, was nun am besten zu tun sei. Ich entschied mich, gemäß meinem neuen „Sofort ausleben“-Motto, für einen kurzen Besuch.

Schon wollte ich den Aufzug rufen, als ich feststellen musste, dass ich mich nicht an die Nummer erinnern konnte. Schnellen, aber sehr wackeligen Schrittes ging ich zur Rezeption, um diese zu erfragen. Der Nachtportier erklärte mir höflich, dass er keine Auskünfte geben dürfe. Ich versicherte ihm, dass ich sehnlichst erwartet würde. Keine Chance. Der Gästewunsch wurde dann insofern erfüllt, dass er Michael an den Hörer holte, der mir auf diesem Wege die richtige Zahlenkombination verriet.

Michael kredenzte mir zur Unterstreichung seiner nächtlichen Gastfreundschaft ein Gläschen Minibar-Prosecco. Ich weiß noch, dass ich auf der breiten Fensterbank saß und wir kurz davor waren, uns zu küssen. Das empfand ich seltsamerweise als den gekommenen Moment, um die alte Praktikumsgeschichte auszudiskutieren. Ich kann mir gut vorstellen, dass ich maßlos übertrieb, und das Stimmungsbarometer musste auf dieser angetrunkenen Basis kippen. An romantische „Ich lass es einfach geschehen!"-Sequenzen war zwischen Vorwürfen und Sticheleien nicht zu denken. Es kann durchaus sein, dass ich in meinem Zustand das eine oder andere klitzekleine Detail im Sinne einer stimmigen Anklage ergänzte. Ich lallte mich in Fahrt und schloss mein bühnenreifes Plädoyer, indem ich theatralisch das Zimmer verließ.

Zurück an der Bar wollte ich den Überschlag der Ereignisse mit meiner Seminarfreundin Natascha besprechen. Neben Natascha fand ich allerdings auch ein paar andere Übriggebliebene vor. Leider nahm ich bei meinen Schilderungen keine Rücksicht auf ihre Anwesenheit. Natascha versuchte mich zu beruhigen und legte mir mit Dringlichkeit nahe, mich zu verabschieden. Da fiel mir auf, dass ich meine Jeansjacke bei Michael vergessen hatte. Ich fasste den Beschluss, mir meine Lieblingsjacke zurückzuholen. Mein letztes Stückchen Würde war verloren, als ich in Schlangenlinien zur Rezeption ging, um mir abermals via Telefon von Michael seine Zimmernummer sagen zu lassen. An den Verlauf unseres Gespräches kann ich mich nicht mehr erinnern, aber es blieb bis heute ein sehr unangenehmes Gefühl bestehen.

Im Gegensatz zu meiner kopfwehgeplagten Wenigkeit erinnerte sich Natascha am nächsten Morgen daran, dass ich ihr kurz vor Eintritt in meine komaähnliche Nachtruhe mitgeteilt hatte, dass Michael und ich nicht freundschaftlich auseinandergegangen waren. Dieser lächerliche von mir angezettelte Streit, vor allem aber meine Erinnerungslücken, waren mir extrem peinlich. Den Workshops wollte ich schon fast fernbleiben. Mit gesenktem Haupt sagte ich mir aber, dass ich die Suppe wohl auslöffeln müsse. Zum Glück traf ich an diesem schwarzen Tag nicht mehr auf Michael. Er war abgereist.

Ich glaube, ich habe noch nicht erwähnt, dass Michael verheiratet ist und durchaus mein Vater sein könnte.

Juni 2005

Dankenswerterweise überließ mir Roland seine Wohnung bis zum Umzug in meine gemütliche Dachgeschossmaisonette. In diese helle Fünfzigquadratmeter-Behausung hatte ich mich sofort verliebt. Das war doppeltes Glück: Ich gestattete mir keine Wahl, denn ein Freund wollte helfen und sie mir ohne Kaution zur Verfügung stellen. Bevor ich sie überhaupt gesehen hatte, verließ ich mich voll und ganz auf mein Bauchgefühl und sagte zu.

Ich fand es einfach wundervoll, endlich einmal alleine zu leben. Bis zu diesem Zeitpunkt hatte ich entweder bei meinen Eltern, in einer WG oder zusammen mit einem meiner Exfreunde gewohnt. Fürs Einrichten und Dekorieren hatte ich schon immer viel übrig, aber diesmal war es etwas ganz anderes. Ich wusste, dass ich für länger bleiben würde, und mein Domizil sollte alles nur kein männlicher Zweitwohnsitz werden. Mit Euphorie schuf ich mir meine kleine Wohlfühloase. Das Badezimmer beispielsweise verschönerte ich mit selbst gestalteter Fliesendeko in Blau- und Türkistönen. Es machte mir unheimlichen Spaß, allem eine persönliche Note zu verpassen.

Obwohl ich in dieser Zeit gerne zu Hause war, traf ich auch öfter meine Freundinnen. An einem Donnerstag Anfang Juni besuchte ich meine langjährige Wegbegleiterin Karin. Ich freute mich auf einen gemütlichen Plauderabend, wir hatten uns sehr viel zu erzählen. Nachdem wir mehrmals auf das Leben und all die spannenden Wendungen angestoßen hatten, zündete sich Karin eine Zigarette an. Mit der Frage „Rauchst du eigentlich wieder?" hielt sie mir ihr Päckchen hin. Genau am Morgen dieses Tages waren mir die gleichen Worte in den Sinn gekommen. „Hm, warum eigentlich nicht?", dachte ich und nahm das Angebot an.

Fast drei Monate davor hatte ich erfolgreich ein Nichtraucherseminar absolviert. Mein ausschlaggebender Beweggrund, das Rauchen sein zu lassen, war die geplante Schwangerschaft gewesen. Schon einmal, etwa vier Jahre zuvor, hatte ich mit dem Buch zum Seminar der ungesunden Angewohnheit abgeschworen. Das hatte super funktioniert. Jedoch nahm ich trotz der Tatsache, dass ich Essen nicht als Ersatzbefriedigung missbrauchte, zu. Nun gut, ich maß der Nahrungsaufnahme eventuell einen ein klein wenig höheren Stellenwert bei. Wie dem auch war: Eineinhalb Jahre und fünf Kilogramm später hatte ich dazumal – ohne das Rauchen an sich zu vermissen – im Rahmen eines Diätplanes wieder angefangen.

Das Kapitel „Mutterschaft" war ja nun in beträchtliche Ferne gerückt. Und auch sonst war weit und breit kein vernünftiger Grund in Sicht, den Glimmstängel nicht erneut in meinen Alltag zu integrieren. Also inhalierte ich an diesem Abend im Wintergarten bei Karin vier Zigaretten. Auf der Heimfahrt blieb ich sogar bei einer Tankstelle stehen, um mir eine Schachtel meiner bevorzugten Marke zu kaufen.

Am nächsten Tag weckten mich unsanfte Gedanken auf: „O mein Gott, ich rauche wieder! Meine Wohnung und meine gesamte Bekleidung und die Haare werden nun wieder stinken! O mein Gott, o mein Gott ..." Während des gesamten Weges zur

Arbeit quälten mich solche und ähnliche inneren Monologe. Und plötzlich fiel es mir wie Schuppen von den Augen: Ich muss nicht weiterrauchen! Seit dieser bahnbrechenden Erkenntnis habe ich so gut wie nie mehr Lust auf eine Zigarette verspürt.

Diese Eigenschaft, manchmal einfach einen Schalter umzulegen, war mir da echt sehr hilfreich. Das erinnerte mich daran, dass ich meinen eingeschlagenen Hochzeitsweg hingegen schmerzlich lange nicht verlassen konnte. In dem Fall war mir eine andere Weisheit, nämlich „Wer A sagt, muss auch B sagen!", in die Quere gekommen. Aber bei aller Liebe zur Disziplin war ich ja bekanntlich mit dem augenscheinlichen Bilderbuchleben samt Heiratsaussicht unfroh gewesen. Ich durfte dabei auch nicht vergessen, dass die plötzliche Klarheit bei mir den Drang zu einer plötzlichen Neuorientierung nach sich gezogen hatte. Das war die Kehrseite meiner Tunnelblick-Medaille: Umstände mussten umgehend geändert werden. Vor diesem Hintergrund verstand ich meinen vorangegangenen Mechanismus, jeglichen Gedankenansatz, der die gesamte Lebenssituation infrage stellt, sofort im Keim zu ersticken.

Juli 2005 – Teil 1

In den letzten Jahren war ich des Sommers am liebsten auf meiner sogenannten Terrasse. Sogenannt deshalb, weil es keine Terrasse im herkömmlichen Sinn ist. Und schon gar nicht meine, sondern die eines Kaffeehauses gleich bei mir ums Eck. Da ich einen beachtlichen Teil meiner Wochenenden dort verbrachte, kennt man sich mit der Zeit. Nun war es aber mein erklärtes Ziel, einerseits nicht unhöflich zu sein, andererseits dort aber auch keine neuen Freundschaften zu schließen. Ich sitze eben fürchterlich gerne alleine herum und schreibe oder lese oder bohre gedankenversunken Löcher in die Luft. Das ist schlicht eine meiner Energietankmethoden, um mein turbulentes Leben zu verkraften.

Es ist aber so eine Sache, wenn man ein grundkommunikativer Persönlichkeitstyp ist, den schmalen Grat zwischen Freundlichkeit und klarer Abgrenzung zu beschreiten.

Wieder einmal nicht geklappt hat das an einem Samstagvormittag. Da war dieser Mann, der mir des Öfteren schräg gegenübersaß. Er hatte nach einem ausgedehnten Frühstück ein ähnliches Ritual entwickelt. Wonach er sich im Drogeriemarkt hinter mir in der Kassenschlange einreihte, um sich dann im Supermarkt neben mir am Obstregal einzufinden. So eben auch an diesem Samstag. Ohne groß darüber nachzudenken, flutschten nichts als nett gemeinte Worte aus mir heraus. „Lustig, wir haben samstags wohl immer denselben Weg!“, sagte ich und war nicht darauf gefasst, dass er die Gelegenheit beim Schopf packte und mich hochbeglückt auf ein Glas Sekt einlud. Nun war das mit dem Neinsagen auch eine verzwickte Sache. Das brachte ich zu dieser Zeit nur schwer über meine Lippen, erst recht nicht in einer Situation, in der ich mich überrumpelt fühlte. Etwas später saß ich also mit Günther auf meiner Quasi-Terrasse und brachte es nicht fertig, zumindest zum dritten Glas Prosecco Nein zu sagen.

Mich interessiert die hintergründige Psyche eines Menschen. Ich bin niemand, der sich mit oberflächlichen Gesprächen aufhält. Mit meiner Themenwahl gehe ich lieber gleich *in medias res.* Diese Fähigkeit, in kurzer Zeit ein Gefühl der Nähe und Verbundenheit zu schaffen, löste hie und da bei manch Fremden zu viel aus. Solche Begegnungen mit wechselseitigem Kurzeinblick in die Seele hätte ich gelegentlich gerne einfach stehen gelassen. Aber auch Günther empfand das als eine Aufforderung zu mehr. Zwar stellte ich schnell klar, dass ich nicht an seiner Männlichkeit interessiert sei, aber dadurch ließ er sich nicht abschrecken. Als er dann auch noch aufdeckte, dass wir einen gemeinsamen guten Freund haben, dämmerte mir, dass sich meine gemütlichen Kaffeehausstunden in erheblicher Gefahr befanden. Abgesehen davon verriet er mir, dass er praktischerweise in der Parallelgasse wohne.

Es folgten zahlreiche Einladungen und rein zufällige Zusammentreffen auf meiner heiligen Terrasse. Obwohl ich es erstaunlich lange geschafft hatte, seine Avancen auszuschlagen, siegte letzten Endes meine höfliche Seite: Dirigiert vom damals noch ausgeprägten Nicht-Nein-sagen-können-Handicap verabredete ich mich zu einem Abendessen.

Nach einem Heurigenbesuch überredete Günther mich zu bleiben. Er sei ewig nicht mehr ausgegangen. Die Mitleidstour fruchtete. Außerdem hatte ich Lust, so richtig abzutanzen. Beim Betreten des In-Lokals konnte ich an seinem Gesichtsausdruck ablesen, dass er sich das so nicht vorgestellt hatte. Aber ich! Wir kämpften uns zur Bar durch, wo er stocksteif stehen blieb und mich beim Cocktailtrinken, Tanzen und möglicherweise auch beim Flirten beobachtete. An dem Punkt, wo es ihm reichte und ich nicht einlenkte, trennten sich unsere Wege im Streit. Mit trennen meine ich, dass er nach Hause ging und ich im Partyfieber blieb. Ich wollte mal wieder Spaß haben. Und den hatte ich auch! Ich unterhielt mich prächtig, an Tanzpartnern mangelte es nicht. Irgendwann wurde ich unvorsichtig, befreite mich von der Last meiner Handtasche und stellte sie auf der Bartheke ab. Ich feierte bis in die frühen Morgenstunden.

Von der fröhlichen Partywelle hatte ich mich einfach mitreißen lassen. Mein symptomatischer Kontrollmechanismus, den sich mein gewieftes Unterbewusstsein zugelegt hatte, war erneut mithilfe des Alkoholkonsums außer Gefecht gesetzt worden.

Ah, glücklicherweise lag meine Tasche noch an dem Platz, wo ich sie vor einigen Stunden geparkt hatte. Unglücklicherweise musste ich hingegen zur Kenntnis nehmen, dass meine komplette Geldbörse samt Kreditkarte und Führerschein sowie mein Handy spurlos verschwunden waren. Jemand musste mein ausgelassenes Treiben beobachtet und in aller Seelenruhe den wertvollen Inhalt geklaut haben.

Ich war völlig niedergeschlagen. Die Nerven verlor ich endgültig, als die Dame an der Garderobenausgabe sich weigerte, mir meine Jacke zu geben. Auch der Abholcoupon war mir nämlich mitsamt meines Portemonnaies entwendet worden. Nur unter lautstarkem Protest konnten mich die Securitys ohne neue Lieblingsjacke hinausgeleiten.

Da saß ich nun am Gehsteigrand: ein Häufchen Elend. Mir war kalt. Ich war so was von blank, und eine mobile Kommunikationsmöglichkeit hatte ich auch nicht mehr. Was sollte ich nur tun? Zu Fuß war der Weg nach Hause zu weit. Und ich hatte keinen Notfallgroschen in der Wohnung, mit dem ich eine Heimfahrt hätte bezahlen können.

Am naheliegendsten schien mir, mit dem Taxi zu meinem ehemalig Beinahe-Verlobten zu fahren, ihn rauszuläuten und Bargeld zu erbitten. Während der Betrag am Taxameter verschwommen, aber kontinuierlich nach oben wanderte, befiel mich eine leichte Panik: Mir kam der Gedanke, dass ich ohne Rolands Unterstützung dem Fahrer meine nicht liquide Lage transparent machen müsse. Alles andere als konstruktiv war die Erinnerung daran, dass dieser mich beim Einsteigen von oben bis unten gemustert hatte.

Es war längst hell, als ich mit zugekniffenem Auge und meinem rechten Zeigefinger den Knopf auf der Gegensprechanlage ansteuerte. Nichts. Ich beließ meinen Finger auf der Klingel und läutete Sturm. Wieder nichts. Der Blick des Taxilenkers verweilte streng auf mir. Den Motor hatte er zwischenzeitlich abgestellt. Es schien mir, als warte er sprungbereit darauf, meine Verfolgung aufzunehmen, sollte ich türmen.

Endlich meldete sich eine verschlafene Stimme. Doch es war nicht die von Roland. Nein, das war eine Frauenstimme! Okay, Roland hatte wohl eine Bekanntschaft zwecks Tête-à-Tête zu Besuch. Unangenehme Situation, aber da mussten wir jetzt alle durch, befand ich. Ich ging davon aus, dass Roland trotz Klingellärm tief und fest schlief. Aus Erfahrung wusste ich ja, dass neben ihm eine Bombe einschlagen könnte, wenn er sich angetrunken aufs Ohr haut. So ruhig und besonnen es mir möglich war, versuchte ich die Lady dazu zu bringen, meinen Exfreund aufzuwecken. Oder mir etwas Bares zu leihen. Erfolglos. Sie redete unermüdlich auf mich ein – immer noch via Gegensprechanlage: „Du musst dich damit abfinden, dass die Beziehung vorbei ist!" Da riss mir der Geduldsfaden. Mit erhobener Stimme klärte ich sie darüber auf, dass ich es war, die ihn verlassen hatte, und dass ich in einer Notsituation sei und gefälligst ihre Hilfeleistung brauche. Ich hörte noch ein Knacken und dann war Funkstille.

Vorsichtig drehte ich den Kopf in Richtung Taxi, das leider noch dastand. Auch der Versuch, mich diesem Herrn zu erklären, schlug übelst fehl. Ich ließ tapfer ein Heer an Beschimpfungen über mich ergehen, ehe mich der Mercedes zum Abschied in eine finstere Rauchwolke einhüllte.

Mittlerweile hatte das Trauerspiel Publikum. Von so manchem Fenster aus wurde ich mit einem Kopfschütteln bedacht.

Auf der Bildfläche erschien jetzt auch noch ein langhaariger Typ in grünem Pyjama und Hausschlapfen. Scheinbar hatte er sich in den Kopf gesetzt, mich zu beruhigen. Aber nutzbringend war das nicht – ich brauchte ja grundsätzlich keine Taschentücher, sondern Geld für die Heimreise. Darüber hinaus fing nun auch er davon an, dass ich meinen Ex loslassen müsse. Es war unfassbar. Konnte oder wollte mich hier keiner verstehen?

Tränen der Wut, der Scham, aber auch der Erschöpfung bahnten sich ihren Weg. Ich gab mich geschlagen und räumte das Feld. Mit Ach und Krach schleppte ich mich zur nächsten Straßenbahnhaltestelle, die Öffis waren bereits in Betrieb.

Ich weiß nicht mehr, wie lange die Pilgerfahrt Richtung Heimat dauerte, ich musste mehrmals umsteigen. Zwischendurch schlief ich ein. Einigen Blicken zufolge muss ich sehr mitgenommen ausgesehen haben. Ich fühlte mich wie das Allerletzte. Als ich nur noch zweihundert Meter Fußmarsch von meinem Bett entfernt war, kam mir ein bekanntes Gesicht entgegen: Günther.

Juli 2005 – Teil 2

In letzter Sekunde wollte ich die Straßenseite wechseln. Zu spät. Günther hatte mich entdeckt. Wie von der Tarantel gestochen, eilte er auf mich zu und schien erleichtert, während er ein wenig vorwurfsvoll meinte, er habe sich Sorgen gemacht. „Und das wohl zu Recht", fügte er nach einem Blick auf meine ermattete Erscheinung mit einem sarkastischen Unterton hinzu. Meine Verzweiflung und meine Beschämung konnte ich nicht verbergen. Mit tränenerstickter Stimme teilte ich ihm die Fakten mit: „Wurde beklaut, beschimpft, gedemütigt und habe Taxizeche geprellt."

Günther kümmerte sich wirklich rührend um mich. Er geleitete mich auf vertrauten Kaffeehausboden, kaufte mir ein Frühstück und ließ mich von seinem Telefon aus meinen Ex Roland anrufen.

Dem wollte ich mal was über seine neue Flamme erzählen! Nach den ersten Sätzen meiner dramatischen Schilderung wurde ich jedoch unterbrochen. Er habe gar nicht in Wien übernachtet, erwiderte Roland, nach der Arbeit sei er in seiner kleinen Zweitwohnung am Freizeitgelände geblieben. Und Freundin habe er auch keine …

Wie bitte? In meinem ohnehin schon brummenden Kopf ging es drunter und drüber. Mit wem hatte ich dann diskutiert, um nicht zu sagen gestritten? Ja, war ich denn komplett verrückt? Rolands spitze Bemerkungen halfen mir keinesfalls weiter, also beendete ich rasch das Telefonat. Wir vereinbarten, dass er sich nochmals melden würde, Günther lieh mir – sehr zum Dank – eines seiner beiden Handys.

Wenngleich der Erschöpfungszustand in mir mehr und mehr Raum einnahm, musste ich unbedingt nochmals in das inzwischen verhasste Nachtlokal zurückkehren. Günther ließ sich nicht davon abbringen, mich zu begleiten. Er nahm nur unter Einspruch auf dem Beifahrersitz meines in die Jahre gekommenen Autos Platz.

Hintereinander betraten wir den stickigen Raum. Ohne Umschweife steuerte ich am Putztrupp vorbei auf meine Jacke zu und schnappte sie mir. Günther machte sich daran, das tüchtige Reinigungspersonal zu interviewen. Doch nein, leider war weder eine Geldbörse noch mein Mobiltelefon gefunden worden. Es sei aber bekannt, dass Trickdiebe an den vorangegangenen Wochenenden ihr Unwesen getrieben hatten. Dass es sich neben meiner Unvorsichtigkeit um organisiertes Verbrechen handelte, war durchaus ein kleiner Trost.

Nächster Punkt vor dem vormittäglichen Zubettgehen: Anzeige erstatten. Das auch noch, aber was sein muss, muss sein. Also trabte ich brav zur nächstgelegenen Polizeiwache, wo mir erst mal Warten nahegelegt wurde. Nach einer weiteren gefühlt unendlichen Dauer des Protokollaufnehmens fielen mir auf dem Nachhauseweg vor lauter Müdigkeit fast die Augen zu. Mitsamt all meiner Klamotten und ohne mich abzuschminken fiel ich in mein französisches Schlafstättchen.

Ich musste wohl einige Stunden im Land der Träume gewesen sein, da es bereits finster war, als mich ein unbekannter Klingelton weckte. Ach ja, Günthers Handy. Ich schaute aufs Display und erkannte Rolands Nummer. Energisch fragte er mich, was ich gestern noch so alles aufgeführt hätte. In seinem Briefkasten, der bis vor gar nicht allzu langer Zeit unser Briefkasten war, sei eine unfrankierte Postkarte gelandet, mit meinem Namen drauf.

Die Karte zeige pornografische Abbildungen. Was Roland nun vorlas und auch gleich kommentierte, ließ mir das Blut in den Adern gefrieren. Einen Benjamin solle ich in besagter Nacht vor Rolands Eingangstür kennengelernt und sehr viel Spaß mit ihm gehabt haben. Das abgemachte Frühstück solle ich nicht vergessen. Benjamin schrieb weiter, dass auch er seinen Japaner reparieren müsse und dass er gleichfalls nicht aufhören könne, an seiner Marlboro zu ziehen. Die Sache mit dem Japaner und mein panisches Beteuern, dass ich ganz bestimmt keinen Benjamin getroffen hatte, ließ nur folgenden Schluss zu: Dieser Typ musste mich beklaut haben! Woher sonst wusste er meinen Vornamen und dass ich einen Mazda fuhr? Das alles konnte man ja auf meinem entwendeten Zulassungsschein ablesen. Aber warum bestiehlt mich jemand, schreibt mir dann eine Karte und hinterlässt auch noch eine Telefonnummer? Ergo konnte es sich – nach reiflicher Prüfung aller vorliegenden Fakten – nur um einen psychisch Kranken handeln, der auf Basis meiner Papiere meine Wohnadresse wusste … Wo hatte ich mich da wieder hineinmanövriert? Das durfte ja alles gar nicht wahr sein … Jetzt nur nicht die Nerven wegschmeißen! Angstvoll versicherte ich mich, dass das Türschloss bis zum Anschlag versperrt war.

In Roland kam der Beschützerinstinkt hoch, er wollte die Nummer von diesem Benjamin definitiv nicht rausrücken. Er selbst würde da gleich einmal anrufen. Nach einigen Augenblicken berichtete er mir, dass nur ein Tonband laufe: Man solle seine Kontaktdaten hinterlassen. Erst kürzlich habe er gelesen, dass das Management eines Pornorings so gearbeitet hatte, um nicht entdeckt zu werden. Ich war fix und fertig, es konnte gar nicht mehr schlimmer werden. Nie wieder würde ich dermaßen unkontrolliert ausgehen. Das schwor ich mir.

In der darauffolgenden Nacht konnte ich nicht aufhören, darüber nachzugrübeln, wer denn sonst noch infrage käme, diese Karte geschrieben zu haben. „Vielleicht möchte mich ja jemand ärgern … Roland selbst wird es wohl nicht gewesen sein, oder? Nein, da bin ich mir ganz sicher. Ha, der Typ im grünen Pyjama! Das wäre besonders arg! Der ist verheiratet! Das wäre echt dreist. Aber ich kann mich nicht erinnern, dass ich ihm irgendetwas über mein Auto erzählt hätte …“

Nach schlaflosen Stunden des Schäfchenzählens traf ich Günther, um mir Bargeld zu borgen. Ich erzählte ihm von dem mysteriösen Beweisstück und meinen detektivischen Gedanken. Plötzlich wurde er ganz verlegen und sagte, er müsse mir etwas beichten. „O Gott, ich glaub, ich spinne, Günther, hast du die Karte geschrieben?“ Nein, ich solle nichts Falsches von ihm denken, er habe natürlich nichts mit diesen Zeilen zu tun. Er habe aber trotzdem gelogen. Und zwar als er mir erzählte, er wohne in einer Parallelgasse. Günther wohne viel eher exakt mir gegenüber, die Dachterrassenwohnung mit Ausblick in mein „reizend eingerichtetes“ Rückzugsgebiet! In unserem ersten Gespräch hatte ich mich über deren Eigentümer beschwert, dass sie biertrinkenderweise zu mir herübergegafft und vorpubertär johlend mit einem Tennisball auf mein Dach geschossen hätten. Soso, vis-à-vis lebte also Günther in einer Wohngemeinschaft mit einem Kumpel, das wurde ja immer besser!

Am Montag nahm ich selbst mehrmals Telefonverbindung mit dieser ominösen Nummer auf. Ganz genau: Roland hatte sie dann doch verraten. Im Laufe des Vormittags richtete mir meine Arbeitskollegin Martina aus, ich solle einen Benjamin zurückrufen. Wie konnte denn das sein? Dieser Typ wusste somit auch, wo ich arbeitete! Als ich mit zittrigen Fingern die übermittelte Zahlenkombination eintippte, fühlte ich mich wie in einem Krimi.

„Benjamin von Zogenburg“, meldete sich eine freundliche Stimme. Ich wusste gar nicht, was ich sagen sollte. So eine Unverschämtheit! Sich ungeniert mit vollem Namen zu melden!

Ich bemühte mich, möglichst selbstsicher zu klingen: „Sagen Sie mal, wer sind Sie eigentlich? Hier spricht Katharina, und Sie lassen mich bitte ab sofort in Ruhe, sonst gehe ich zur Polizei!“

„Aber, Katharina, tu doch nicht so! Gut, dass du mich anrufst!“, antwortete der zugegebenermaßen ganz angenehm Klingende.

„Wie, ich soll nicht so tun? Ich kenne Sie nicht, und Sie machen mir Angst. Sie sind ein Psychopath!“

„Katharina, jetzt bin ich aber sehr enttäuscht. Du willst mir jetzt nicht erzählen, dass du dich an nichts erinnern kannst, oder?“

„Äh, nein. Ich kann mich an rein gar nichts in Kombination mit Ihnen erinnern …“

„Das kann nicht dein Ernst sein, wir hatten doch so viel Spaß miteinander.“

„Wie bitte? Nein, ganz sicher nicht. Ich bleibe dabei: Ich kenne Sie nicht! Und basta!“ Benjamin klang ehrlich verwundert, fast verletzt, als er mich fragte: „Warst du etwa nicht am Samstag in den frühen Morgenstunden in der Karlsbachgasse unterwegs?“

„Na ja, doch. Aber ...“

„Na siehst du. Und heißt du etwa nicht Katharina?“

„Na ja, doch. Aber ...“

„Und bist du etwa nicht mit dem Fahrrad unterwegs gewesen?“

„Ha, nein!!!“ Endlich ein Punkt, den ich klar verneinen konnte. Die Sache mit dem Taxifahrer saß mir ja schwer in den Knochen. „Und woher weißt du überhaupt, wo ich arbeite?“, wechselte ich nun auch in ein entspannteres Du.

Benjamin schlug vor, sich auf einen Kaffee zu treffen, um die Sache aufzuklären. Zu meiner Beruhigung versprach er, einen amtlichen Lichtbildausweis mitzunehmen. Im Sinne einer dringend nötigen Entwirrung stimmte ich zu. Was sollte mir schon an einem öffentlichen Ort passieren?

Ich war etwas früher da. Ehrlich gesagt war ich nervös. Was, wenn ich die Verrückte war und ein lückenloses Blackout hatte?

Ein junger Mann betrat den Raum und schaute sich suchend um. „Das könnte er sein ...“, dachte ich bei mir und versuchte es mit einem zaghaften: „Benjamin?“ Überrascht trat er zu meinem Tisch und bestätigte, dass ich ja wirklich nicht die sei, an die sein Schreiben gerichtet war. Beide mussten wir aufgrund der skurrilen Situation lachen. Er setzte sich und brachte Licht in diesen unglaublichen Zufall – an Zufall glaube ich nicht, aber in diesem Fall finde ich das Wortspiel passend:

In der Nacht von Freitag auf Samstag habe ihn fast eine junge Frau auf dem Fahrrad angefahren. So habe er Katharina kennengelernt. Den Rest des Weges, den er sie fürsorglich nach Hause eskortierte, schob sie ihr Rad vorsichtshalber. Sie hatte wohl auch ein bisschen viel getrunken. Zu Hause war sie in der Karlsbachgasse Nr. 3 – genau wie ich bis vor einem Weilchen. Beim Gutenachtküsschen verabredeten sie sich zu einem Frühstück, zu dem sie nicht erschienen war. Benjamin ließ nicht locker. Er kannte ihren Vornamen und wusste, wo sie wohnt. Er fragte den Briefträger nach einer Katharina. Der gab ihm die Auskunft, dass eine solche im Hochparterre beheimatet sei. Benjamin schaute unerlaubterweise durch den Postkastenschlitz und fand tatsächlich Schreiben, die an mich adressiert waren. Unter anderem einen Flyer von der Autowerkstatt, der mich an den nächsten Servicetermin erinnerte. Herausfischen konnte er auch einen Brief von den Veranstaltern des Nichtraucherprogramms, das ich einst mit Bravour bestanden hatte. Auf diese beiden Dinge bezog er sich, als er die sagenumwobene Karte schrieb. Seiner Beschreibung nach war das kein sexuell anrüchiges Motiv, sondern eher ein sinnliches, ein anderes habe er eben nicht bei der Hand gehabt.

Und die Arbeitsinformation? Die hat er doch glatt einer hilfsbereiten Sekretärin des Autohauses entlocken können. Eigentlich eine bodenlose Frechheit, dass vertrauliche Daten an Fremde weitergegeben werden. Aber eines hatte ich inzwischen auch mitbekommen: Benjamin war wortgewandt.

Ziemlich erleichtert, dass sich das Chaos irgendwie auflöste, willigte ich ein, mich von Benjamin zu einer vom Kellner wärmstens empfohlenen Antipastiplatte einladen zu lassen. Es war ja wirklich eine lustige Story, wie sich unsere Wege kreuzten. Im Laufe des Abends erzählte mir Benjamin einen Großteil seiner Lebensgeschichte, und wenige Stunden später erhielt ich folgende Zeilen:

Liebste Katharina!
Unser Gespräch war einfach toll. Ich habe viel Tiefe gespürt, und ich glaube, ich habe auch wahre Gefühle weitergeben können. Ich war gestern – seit Langem – einfach wieder einmal glücklich. Dafür kann ich dir nur aus meinem Innersten danken. Und ich will dir im selben Zug sagen, dass ich – ohne Vorausbeschwörungen, ohne Prognosen, ohne Vorurteile, aber mit großer Befürwortung – hoffe, dass wir solche Momente in dieser oder anderer Form, wann auch immer wieder erleben, viel-

leicht ja sogar einmal ganz alleine zu zweit. Was uns aber auf jeden Fall bleibt und vielleicht auch verbindet, ist die Schönheit in Form der Erinnerung eines ersten gemeinsam erlebten wunderbaren Abends und der offene Blick nach vorne: in eine Zukunft des Lichts, der Wärme, der Liebe, mit der wir beide gesalbt sind.
Dein Benjamin

Das schoss den Vogel ab. Da hatte abermals jemand meine offene Art total missverstanden. Mir schwante langsam, dass ich wohl auch deshalb ab und an missverstanden wurde, weil ich mich, welch Überraschung, missverständlich verhalten hatte. So sehr ich Small Talk hasse, aber ich nahm mir damals fest vor, fortan mein Offenheitslevel mit meinem Wiedersehenswunsch in Einklang zu bringen. Für den Augenblick beschränkte ich mich darauf, Benjamin – möglichst liebevoll, aber sehr unmissverständlich – zu verstehen zu geben, dass ich für nichts über diesen Abend hinaus offen sei. Ich musste ja schleunigst handeln, bevor mein „Ich kann nicht Nein sagen"-Komplex Fuß fassen konnte.

August 2005

Von Männern im Allgemeinen hatte ich genug. Mehr als genug. Besser gesagt, die Nase gestrichen voll. Im gleichen Atemzug schwor ich dem übermäßigen Alkoholkonsum endgültig ab. Nachtlokale mied ich auch erst mal, zu sehr quälten mich die Schatten der jüngsten Ereignisse. Wohl fühlte ich mich nicht in meiner Haut, immer wieder blitzte die Erinnerung an meine Tiefpunkthitliste auf. Innerlich fühlte ich mich leer und ausgebrannt, man könnte sagen einsam. Das schlechte Gewissen, das ohnehin mein ständiger Begleiter war, nagte an mir und raubte mir oft den Schlaf. Wie hatte es nur so weit kommen können, dass ich mich derart lange nicht getraut hatte, innezuhalten und in mich hineinzuhorchen? Ich gestand mir ein, dass ich einen beachtlichen Teil meines jungen Lebens ferngesteuert und mechanisch absolviert hatte. Andererseits: Wer gibt schon gerne zu, dass er gefühlsmäßig nur noch funktioniert und exzessive Partyerlebnisse braucht, um sich überhaupt spüren zu können?

Es waren die Gespräche mit meiner Cousine Lies-Marie und meinem Cousin Johannes, die mich ruhiger werden ließen. In ihrer Gegenwart fühlte ich mich irgendwie angenommen. Und so weit als möglich auch verstanden. Wir waren zusammen aufgewachsen, doch unsere Freundschaft bekam zu diesem Zeitpunkt eine ganz besondere Qualität.

Sie hatten mir etwas voraus, wirkten verändert und voller Lebensmut. Doch genauer nachfragen wollte ich nicht. Ich hatte Sorge, dass die Antwort in dieser Sache mit Gott zu finden sei. Das wollte ich nicht hören, es musste eine zeitgemäßere Erklärung dafür geben ...

Vor allem Johannes hatte sich drastisch gewandelt. Es war nun fast zwei Jahre her, dass er von seinem amerikanischen Auslandssemester zurückgekommen war. Wir alle aus seinem näheren Umfeld waren gerade in den ersten Wochen und Monaten danach mehr oder weniger schockiert. Wo zuvor auch er an der emotionalen Oberfläche existierte, hatte sich nun ein ganz anderer Spirit niedergelassen. Nachdem wir ihn über ein halbes Jahr nicht gesehen hatten, war unsere Besorgnis umso größer, dass er in die Fänge einer Sekte geraten war. Zu oft liest man von solchen Gehirnwäscheorganisationen, die Menschen gewinnbringend ausbeuten.

Johannes rezitierte aus der Bibel und berief sich auf Jesus. Es war unglaublich. Aus jedem anderen Mund hätte ich das eher erwartet als aus seinem. Die Worte wollte ich zwar nicht hören, aber ich beneidete ihn sehr um seine Euphorie und die innere Ruhe, die er sichtlich verspürte.

Als nun auch Lies-Marie sich nach diesen zwei Jahren zum christlichen Glauben bekannte, wurde mir zunehmend mulmig. Lies-Marie war seit Jahren überzeugte Buddhistin und hatte diese Ansicht vehement ihrem Bruder gegenüber vertreten! Scheinbar ließ sich das alles wohl doch nicht als vorübergehende Phase in Sachen Selbsterfahrung abstempeln.

Mit dem Glauben hatte ich mich bis dato eher nicht auseinandergesetzt. Wozu auch? Meiner Meinung nach schien es mir an nichts zu fehlen. Ja klar, das hatte sich nun gedreht … Und trotzdem, in mir sträubte sich jede Zelle allein schon gegen die Idee zu „glauben".

Zu der Gruppe der Atheisten zählte ich mich nicht, ich hatte nur einfach nicht näher darüber nachgedacht. Hätte man mich gefragt, so hätte ich bestimmt nicht ausgeschlossen, dass es eine höhere Macht, wenn man es unbedingt so nennen will, einen Gott, gibt. Nur: Er interessierte mich nicht, die Welt sollte sich lieber um mich drehen.

Meine Erfahrungen mit der katholischen Kirche beschränkten sich auf leere Gebetsworte und religiöse Traditionen. Dieses Thema hatte ich in meiner frühesten Jugend unter dem Motto „veraltetes Regelwerk" abgelegt. Mit Liebe, Freude oder gar mit dem Schlagwort „lebendiger Glaube" hatte ich es nicht einmal in Verbindung gebracht. Und diesen Akt nochmals aufzurollen hatte ich im Laufe der Jahre verabsäumt.

Aber gut, ich führe ja sehr gerne philosophische Gespräche, warum also nicht mit Johannes und Lies-Marie. Ich musste allerdings zugeben, dass die hervorgekramten, nicht überdachten Argumente einer Zwölfjährigen keinen Bestand mehr hatten und mir sogar selbst äußerst banal erschienen. Unknackig fand ich das Ganze aber nach wie vor. Ich und Glaube, das wäre ja undenkbar … Obwohl – auch für Johannes' Resistenz hätte ich mir bis vor Kurzem die rechte Hand abhacken lassen.

Ich weiß noch, dass es ein Sonntag war, an dem mich diese schleichende, herzklopfende Angst überkam, dass ich keine Ahnung hatte, wer ich überhaupt sei. Und was für einen Sinn mein Leben habe. Und wie denn das alles weitergehen solle. Und überhaupt und sowieso.

Exakt als ich das Stimmungstief erreichte, klingelte mein Handy. Wieder einmal lud mich Lies-Marie ein, mit in den Gottesdienst in ihre christliche Gemeinde, eine Freikirche[2], zu kommen. Schlechter konnte es eigentlich eh nicht mehr werden. Also sagte ich zu, sie bei nächster Gelegenheit zu begleiten.

Ich befand ohnehin, dass es an der Zeit war, in die Zukunft zu schauen, und entschied mich in einem ersten Schritt für aktive Selbsterfahrung. Ernsthaft auf die Suche nach meinem Selbst wollte ich mich begeben. Kurzerhand – ich bin eine Freundin schneller Entscheidungen – buchte ich mich in ein Qigong/Bauchtanz-Seminar ein. Nur Frauen, versteht sich. Das Reiseziel war Kroatien. Ich freute mich auf zehn Tage voller Sonne, Meer, Tanzen und tiefer Erkenntnisse über mich und meine Weiblichkeit. Ich kann nicht verheimlichen, dass ich darüber hinaus auch stolz war, erstmals einen Urlaub ohne ein bekanntes Gesicht zu bestreiten. Aufregend war das.

Nach einer langen Anreise mit Zug und Schiff, die sich über zwei Tage zog, erreichten wir die Insel Hvar. Bereits im – für uns suchende Frauen – besetzten Zugabteil hatte ich mich mit Claudia angefreundet. Wir waren uns schnell einig, dass wir ein Zimmer teilen wollten. Unsere vorläufige Bleibe war dann zu unserer Freude gar kein Zimmer, sondern eines von kleinen, entzückenden Häuschen, die in eine Burgruine hineingebaut worden waren. Das gesamte Grundstück war für die Seminartruppe reserviert, also für uns vierzehn Frauen. Ich fand alles herrlich. Am meisten begeisterte mich, dass man vom Fenster unserer malerischen Hütte aus nach reifen Feigen greifen konnte.

Jeder Morgen begann mit einer Meditation. Während drinnen im Übungsraum zwanzig Minuten lang versucht wurde, an nichts zu denken, las ich draußen in einer Hängematte, umgeben von der Pflanzenpracht und einem atemberaubenden Blick aufs Meer, in einem Buch, das versprach, den christlichen Glauben zu erklären. Noch zu Hause hatte ich mir vorgenommen, mich vor dem abgemachten Gottesdienstbesuch zumindest mal näher über das Christsein zu informieren.

Nach diesem täglichen Ritual frühstückten wir. Wenn ich daran denke, läuft mir das Wasser im Mund zusammen. Damals wurde meine Liebe zu dem für mich einzigartigen Geschmacksensemble Feigen und Schafskäse geboren. Dazu frisches, mit duftendem Rosmarin bestreutes Fladenbrot. Am Wiener Naschmarkt kann man manchmal Feigen kaufen, die entfernt an jene direkt von kroatischen Bäumen erinnern.

Am Vormittag stand dann immer Bauchtanzen auf dem Programm. Das machte mir echt Spaß und regte meine ur-weibliche Seite an. Ich fühlte mich sehr als Frau. Die Rolle als Küken liebte ich auch. Ich war die Jüngste, die temporären Weggefährtinnen hätten teilweise meine Mütter sein können. Meine Mitbewohnerin Claudia war nur um einige Jährchen älter als ich, meist verbrachten wir die nachmittägliche Freizeit am Meer. Wir genossen die Sonne und das Gefühl der Freiheit, da wir unbeobachtet sogar nackt baden konnten. Der Felsstrand in der kleinen verträumten Bucht war ein Geheimtipp, von dem scheinbar nur wir Bauchtanzfrauen wussten.

An einem wolkenlosen Tag, eher gegen Ende des Urlaubs, ging ich zu meinem Lieblingsfelsen, um von dort aus ins Wasser zu köpfeln. Die Abkühlung war himmlisch, ausgelassen planschte ich herum. Als ich nach einiger Zeit hinauskletterte und tropfend zu meinem Liegeplatz tapste, stellte ich plötzlich mit Entsetzen fest, dass mein rechter Perlenohrring verschwunden war. Traurig ließ ich mich auf mein Handtuch fallen. Wie sollte ich den nur jemals finden? Ziemlich sicher hatte ich ihn beim Hineinspringen verloren. Die Wassertiefe beträgt an dieser Stelle mindestens drei Meter. Der Boden ist voller Felsen und übersät mit Kieselsteinen, die um die Wette glitzern. An diesem Tag war auch der Wellengang so stark, dass ein kleiner Gegenstand im Nullkommanichts fortgespült würde.

Umso mehr erstaunte mich ein Gedanke, der auf einmal ganz klar in mir auftauchte: „Glaub an ein Wunder!“ Ich erinnerte mich daran, gelesen zu haben, dass wir Gott bitten können, dass er sich uns zeigt. „Was soll's?", dachte ich mir. „Ich hab ja nichts zu verlieren!" Bevor ich mit Taucherbrille und Flossen bewaffnet losmarschierte, erzählte ich Claudia von meinem Vorhaben. Wir hatten in den vergangenen Tagen viel über Gott gesprochen. Ich verkündete ihr also, dass ich Gott somit auf die Probe stellen, ihn testen würde – falls es ihn geben sollte, habe er selbst mich soeben dazu aufgefordert, davon war ich überzeugt.

Nach zehn Minuten enthusiastischen Tauchens gab ich auf. „So ein Blödsinn, was mache ich da?", meldete sich meine rationale Gehirnhälfte. Entmutigt berichtete ich Claudia von meinem Misserfolg.

Ich schloss mich zweien aus der sonnigen Runde an, um mit ihnen zum gegenüberliegenden Strand zu schwimmen. Die körperliche Bewegung wollte ich dazu nutzen, meine Gedanken zu ordnen und meine Enttäuschung abzuschwemmen.

Eine Stunde später waren wir wieder zurück. Claudia saß kerzengerade auf ihrer Decke und strahlte mich an, von einem Ohr zum anderen. Was hatte das wohl zu bedeuten? In der nächsten Sekunde durchfuhr es mich wie ein Blitz – auf meinem Strandtuch lag feinsäuberlich mein persönliches Wunder: die vermisste Perle!!! Claudia hatte aus heiterem Himmel eine derartige Unruhe in sich verspürt, dass sie sich aufgemacht und entgegen jeder Vernunft zielstrebig meinen heiß geliebten Ohrring heraufgetaucht und zu mir zurückgebracht hatte.

Mit einem Mal war ich voller Energie, so belebt, berauscht, von unaussprechlicher Freude erfüllt. Tausende Fragen schossen mir gleichzeitig durch den Kopf. Hatte Gott das tatsächlich geschehen lassen, um sich mir zu zeigen? Das wäre ja verrückt, unglaublich, unfassbar … aber doch auch wahnsinnig schön. Eine unbeschreibliche Gänsehaut gefolgt von mehreren intensiven Schauern überzog meinen Körper. In diesem Augenblick fühlte ich die absolute Gewissheit, dass ich etwas Übernatürliches erlebte.

GOTTES KIND

Wer mit Christus lebt, wird ein neuer Mensch.
Er ist nicht mehr derselbe,
denn sein altes Leben ist vorbei.
Ein neues Leben hat begonnen!

2. Korinther 5,17 (NL)

War Händeheben für Gott wirklich verrückter einzustufen als Händeheben für Rapid?

Nach meinem ersten Gottesdienstbesuch zog ich Bilanz: Positiv empfand ich, dass er abends stattfand und sehr modern und zeitgemäß aufgebaut war. Außerdem gefiel mir das internationale Flair. Gepredigt wurde auf Englisch mit Übersetzung. Im jugendlichen Publikum waren die unterschiedlichsten Gruppierungen vertreten: Ich konnte Paradiesvögel mit punkigen Frisuren oder auffälligen Gesichtspiercings erspähen. Mich beruhigte es ungemein, dass man hier nicht in Jesuspatschen und Jutesäcken herumlief. Die durchaus ansprechenden Lieder, die jeweils am Anfang und am Ende gesungen wurden, begleitete eine Band mit E-Gitarren, Schlagzeug, Keyboard und mehreren Sängern. Dazu wurde geklatscht, und manche hatten geschlossene Augen und hoben die Hände. Das irritierte mich anfangs – aber war Händeheben für Gott wirklich verrückter einzustufen als Händeheben für Rapid? Neidisch war ich auch ein kleines bisschen, beobachtete ich doch verstohlen diese Menschen, die zu strahlen anfingen.

Was mir ebenfalls sehr zusagte, war die Art und Weise, wie der Pastor sprach: Er erklärte anschaulich und auf die heutige Zeit bezogen, um was es in dem Bibelabschnitt ging. Auch erzählte er sehr humorvoll und sogar selbstkritisch von seiner Erfahrung mit Gott. Besonders imponierte mir, dass es nicht – wie erwartet – der

Pastor war, der uns unsere Sünden vergeben wollte, sondern er nur alle ermutigte, direkt mit Gott darüber zu sprechen.

Ich war recht verwirrt, da diese auswendig gelernten Worte, die ich aus dem Religionsunterricht kannte, ausblieben. Und beten hieß scheinbar, einfach mit Gott zu reden. Als der Gottesdienst, der in einem gewöhnlichen Saal mit einem schlichten Holzkreuz auf der Bühne abgehalten wurde, vorbei war, hießen mich einige freundliche Gesichter willkommen. Dass mir eine außergewöhnliche Wärme entgegengebracht wurde, konnte ich nicht abstreiten. Jedenfalls fühlte ich mich ganz wohl. Über Gott oder Jesus oder so wollte ich mich vorerst trotzdem nicht austauschen. Das kam mir zu verbindlich vor.

Ich entschied mich, dass ich wiederkommen könne, um erneut zwecks Energiekonsumation ein wenig in diese Atmosphäre einzutauchen. Ja, das war ein guter Plan.

Aus einem für mich damals unerklärlichen Grund zog es mich von da an jeden Sonntag in diese christliche Gemeinde. Jedes Mal beim kollektiven Schlussgebet, bei dem ich taktvoll die Augen schloss und peinlich berührt lauschte, gab der Pastor anwesenden Personen, die, so hieß es, ihr Leben Jesus noch nicht anvertraut und somit keine persönliche Beziehung zu ihm haben, die Möglichkeit, das zu tun. Dies leitete er meist mit folgender Frage ein: „Where would you go if you'd die tonight?"[3]

Hmm … Über diese prinzipiell gar nicht mal so schlechte Frage hatte ich mir noch nicht viele, eher keine Gedanken gemacht. Aber mal angenommen … Stopp – nein! Das würde echt zu weit führen!

Dem Pastor zufolge müsse nur eine ernst gemeinte Bitte formuliert werden: „Jesus, ich möchte dich kennenlernen. Danke, dass ich von all meinen Fehlern reingewaschen bin durch das, was du am Kreuz für mich getan hast. Ja, ich möchte dieses neue Leben mit dir beginnen."

Druck ist mir ein Gräuel, insofern stufte ich die Annahme als fair ein, dass uns Gott unseren Willen lässt – natürlich nur unter der Prämisse, dass er überhaupt existiert. Worin ich meinem

Cousin Johannes recht geben musste, war, dass Liebe sowieso nur freiwillig möglich sei. Und Gott möchte eben keine Roboter, aber Menschen, die ihn ebenfalls lieben. Ja, diesen Gedanken konnte ich stehen lassen.

Andererseits gab es aus meiner Sicht zu viele Ungereimtheiten, um dieses Gebet sinngemäß nachsprechen zu können. Mehr Infos einholen wollte ich allerdings schon, an Fragen mangelte es mir nicht. Es ließ mir gelinde gesagt keine Ruhe mehr. Mit dem Thema galt es nun ein für alle Mal aufzuräumen.

Nach den Gottesdiensten gingen wir meist in eine nahe gelegene Pizzeria. Dort fragte ich Johannes Löcher in den Bauch. Beispielsweise war mir das mit der Dreieinigkeit äußerst suspekt. Mal schauen, was er dazu zu sagen hatte. Zu meinem Leidwesen fand ich es annehmbar: „Stell dir das so vor wie Wasser. Das kann gasförmig, flüssig oder gefroren sein – und doch ist es immer Wasser. So ist das auch mit Gott. Er ist zugleich Vater, Sohn – also Jesus – und auch Geist, das heißt, er lebt in und durch uns, wenn wir ihn dazu einladen, und erst dann können wir anfangen zu verstehen. Erst dann haben wir die Verbindung zu ihm.“ Gott selbst sei Liebe, und Liebe könne gar nicht alleine funktionieren; das mit den drei Personen in einem Wesen machte also bei näherer Betrachtung tatsächlich mehr Sinn, als ich meinen mochte.

Etwas trotzig versuchte ich es mit folgender Behauptung: „Ich kann Gott weder sehen noch spüren, ergo ist seine Existenz an sich fragwürdig.“ Der banale Vergleich, dass China da ist, unabhängig davon, ob ich es sehen und spüren kann, veränderte meinen Blickwinkel. Denn Gott nicht zu sehen bedeutet ja wirklich nicht zwangsläufig, dass er nicht da ist. Und ja, okay, wenn ich in der Natur bin, dann sagt mir schon eine innere Stimme, dass das jemand gemacht haben muss. Er, der Schöpfer, zeigt sich eben auch durch seine Schöpfung. Strom wird erst durch Licht sichtbar, deshalb bezweifle ich nicht das Vorhandensein von Strom.

Ich deckte mich mit weiteren Büchern ein, die mir Antworten auf viele meiner Streitfragen geben konnten. Darüber, dass fast die ganze Welt ihre Zeitrechnung auf Jesus ausrichtet, hatte ich noch nie bewusst nachgedacht. Für kaum ein historisches Ereignis gibt es derart viele Belege, und dennoch wird das Wort Gottes, die Bibel, hinsichtlich Glaubwürdigkeit hinterfragt. Nicht aber all die unverhältnismäßig schlechter dokumentierten geschichtlichen Eckpunkte, die sogar weiter zurückliegen.

Interessant fand ich die These, dass es ja wohl nur drei Möglichkeiten gebe: Entweder sei Jesus ein Lügner gewesen, ein Verrückter (immerhin hat er behauptet, auch Gott zu sein), oder er ist wahrhaftig Gottes Sohn. Angeblich wurden sehr viele Menschen, die ernsthaft versucht haben, die Bibel zu widerlegen, selbst gläubig. Das hat mich beeindruckt.

Schön und gut, teilweise konnten meine Zweifel durchaus befriedigend beiseitegeräumt werden. Aber es tauchten danach nur noch mehr Fragezeichen auf. Ganz verstehen würden wir es auf der logischen Ebene ohnedies nie können. Wir seien eben nicht Gott. Ich liebe anschauliche Vergleiche: Das sei so, als ob eine Ameise versuchen würde, einen Computer zu begreifen – quasi aussichtslos.

Das, was mich eigentlich anzog, waren ja auch nicht Fakten. Es war vermutlich eher meine Sehnsucht, die Ahnung, dass es unglaublich schön sein müsste, wenn das in der Tat alles stimmte. Was, wenn ich Mini-Ameise Gott wahrhaftig so wichtig wäre, dass er für mich das unmöglich Scheinende möglich gemacht und mir mein ganz persönliches Perlenwunder geschenkt hatte? Was, wenn Gott mich so sehr lieben würde, dass er sich nicht durch meinen Unglauben abhalten ließe? Ich hatte ja nach nur wenigen vertrauensvollen Minuten im kalten kroatischen Nass aufgegeben. Was, wenn Gott – selbst auf meine halbherzige Bitte hin – um meine Aufmerksamkeit derart kämpfte, dass ich ihn gar nicht mehr verpassen konnte?

Das schien regelrecht ansteckend zu sein.

All die Lebensgeschichten, die ich hören durfte, faszinierten mich: junge Leute, die von ihren Begegnungen mit Gott erzählten. Sie berichteten von wundersamen Fügungen, waren geheilt worden und sagten, dass sie direkt von Gott Antworten bekamen. Und dabei strahlten sie. Das war es, was mich fesselte. Aber meinem Verstand war das zu simpel:

Es geht also nicht um das Ansammeln guter Taten, darum, sich in den Himmel hineinzuverdienen, nein, Jesus habe bereits alles durch das Kreuz für mich erledigt. Er kam in diese Welt, um den Vater zu offenbaren, ihn also zu repräsentieren, und Jesus selbst sei auch der Weg zu ihm. Mein einziger Beitrag sei, seinen Sieg über den Tod anzuerkennen und ihm dafür zu danken, dass somit die Barriere zwischen mir und Gott aufgehoben wurde.

Ich tastete also noch einmal die andere Variante ab: nämlich, dass wir alle Produkte des Zufalls seien. Und rein zufällig jede noch so kleine Zelle in uns eine exakte Funktion hat. Hm, das war für mich allerdings nicht mehr logisch.

Auch Angelika, meine Tante, und Lies-Maries und Johannes' Mutter, war nun meist mit von der Partie. Das schien regelrecht ansteckend zu sein! Ein berühmter Bibelvers aus dem Johannesevangelium besagt, dass Gott die Welt so sehr geliebt hat, dass er seinen einzigen Sohn hingab, damit jeder, der an ihn glaubt, nicht verloren geht, sondern das ewige Leben hat.[4] Mit Logik betrachtet schlussfolgerte ich: Wenn ich an Gott glaube, und es stimmt, dann habe ich gewonnen – und zwar ab sofort die Ewigkeit mit ihm. Wenn es nicht stimmt, dann passiert eh nichts. Wenn es aber stimmt und ich nicht glaube, dann kann ich nur verlieren …

Mit all diesen Gedanken im Gepäck ging ich mit Lies-Marie an einem herbstlichen Samstag zu dem Eröffnungstreffen einer christlichen Frauenveranstaltungsserie. Weibliche Gruppen empfand ich nach wie vor sowieso als viel angenehmer.

Am Ende des Vortrags wurde die Möglichkeit angeboten, mit einer der Organisierenden zu beten. Es waren fünf Frauen, unter anderem auch die Gattin des Pastors, die mit geschlossenen Augen verweilten. Da war wieder dieses Strahlen, das ich auch gerne haben wollte. Ich beobachtete, dass Einzelne das Angebot in Anspruch nahmen und scheinbar kurz ihr Anliegen vorbrachten und dann für sie gebetet wurde.

Ob ich es mir einbildete? Aber ich hatte das Gefühl, dass mich eine der – ich nenne sie jetzt mal – Gebetsanbieterinnen, Bella, direkt anlächelte. Plötzlich wusste ich nicht, wie mir geschah: Ich befand mich auf dem Weg zu ihr! Dabei hatte ich gar nicht vorgehabt aufzustehen, geschweige denn zu beten!

Bei ihr angekommen, sprudelte es aus mir heraus: „Ich möchte Gott auch in meinem Leben haben!" Über's ganze Gesicht lächelnd sagte sie mit Überzeugung: „Das ist so leicht!" Sie nahm meine kalten Hände in ihre. Dann betete sie für mich mit gedämpfter Stimme, so, dass ich sie gut hören konnte. Am Schluss nahm sie mich noch in die Arme. Irgendwie konnte ich nicht anders als zurückstrahlen.

Sehr spannend. Was das wohl zu bedeuten hatte?

Da fiel es mir ein: Vor Jahren hatte ich Bella, mit der ich gerade gemeinsam gebetet hatte, auf einem fröhlichen Ausgehabend kennengelernt. Die Freundin einer Freundin. Schon damals hatte ich das Gefühl, dass diese Frau etwas ganz Besonderes an sich hat. Jetzt wusste ich, dass sie das Besondere nicht nur an sich, sondern Gott sogar in sich hat.

Verwirrt und wie auf Watte ging ich zu meinem Platz zurück. Lies-Marie freute sich sichtlich darüber, dass ich den Entschluss gefasst hatte, meinen Weg mit Gott zu starten. Nun wollte ich aber auf Nummer sicher gehen: Am selben Tag bat ich Johannes, noch einmal mit mir zu beten. Somit hatte ich Gott also aufgefordert, in mein Leben einzugreifen. Sehr spannend. Was das wohl zu bedeuten hatte?

Als Neobitterin konzentrierte ich mich auf die Frage nach meinem weiteren beruflichen Werdegang. In diesem Bereich konnte nur ein Wunder helfen. In der Bibel heißt es ja inhaltlich, dass man nicht überrascht sein braucht, wenn man nicht bekommt, an was man nicht geglaubt hat. Klingt vernünftig. Wie bei einem Wunschkonzert mit Zauberstab dürfe man sich das wiederum nicht vorstellen. In dem Fall wäre man selbst Gott. Das erinnerte mich an den Film „Bruce allmächtig“, wo die Erfüllung manch menschlicher Wünsche vor allem langfristig beziehungsweise in Summe betrachtet zum Fluch wird.

Die Sache mit dem Beten war mir nicht geheuer, Sprechen mit Gott kam mir komisch vor. Als ob ich Selbstgespräche über meine künftige Karriere führen würde. Also versuchte ich es vorerst mal im Stillen. Gott würde ja auch das hören können. Es beruhigte mich ungemein, dass ich in einem der Bücher für Jesus-Newcomer gelesen hatte, dass Zweifel angeblich zu unserem natürlichen Wesen gehörten – und kein Grund zu großer Besorgnis seien. Wie dort beschrieben, versuchte ich mich nicht davon beirren zu lassen.

Ob es mir nun behagte oder nicht: Im nächsten Kapitel wies man mich darauf hin, dass es den Gegenspieler zu Gott zweifellos gibt. Und für den sei nichts schlimmer als eine bewusste Entscheidung gegen ihn. Ab diesem Zeitpunkt könne er nur mehr versuchen, Stolpersteine zu legen. Mit großem Erstaunen las ich weiter, dass ich nichts noch so Verdammenswertes tun könne, was mich je von Gott trennen würde. Ich erinnerte mich wieder daran, dass ich mir zum Glück Gottes Liebe ja gar nicht verdienen könne. Nur annehmen. Doch irgendwie begriff ich mehr und mehr, dass diese Tatsache wirklich erst von Herzen verstanden werden muss, denn das passt nicht im Geringsten zu den gesellschaftlichen Gegebenheiten, wie wir sie kennen.

Jedenfalls betete ich für arbeitstechnische Erleuchtung. Seit meiner Trennung von Roland standen meine Berufsaussichten in den Sternen. Kinderkriegen war der Plan gewesen, und nichts schien mir nun ferner als das. Meinen Job in der Werbeagentur hatte ich innerlich aufgekündigt. Und leider fehlte mir jegliche Idee, welche Richtung ich nun einschlagen könnte. Durch meine frisch entfachte Sehnsucht, alles wissen zu wollen, was mit Gott und dem Christsein zu tun hatte, erfuhr ich, dass Gott auf verschiedenste Arten zu uns sprechen kann. In meinem spezifischen Fall sprach er passenderweise durch ein Buch zu mir. Ganz deutlich stach mir folgender Satz ins Auge: „Bleib, wo du bist, so lange, bis ich dir sage, wohin du gehen sollst.“ Ich wusste einfach, dass Gott mir damit Mut machen wollte, denn urplötzlich stellte sich eine ungewohnte Ruhe, ein Frieden in mir ein.

Von Natur aus bin ich ja ein eher rastloser Mensch, seit meiner frühen Jugend war ich, und das hört sich kitschig an, auf der Suche. Wonach auch immer. Ich wollte möglichst nie nur für mich sein, dann hätte ich über die Sinnfrage und dergleichen nachdenken müssen. Und auf einmal hatte ich den Eindruck, angekommen zu sein, zu wissen, dass ich niemals alleine sein werde, dass es jemanden gibt, der jede einzelne Sekunde mit mir durchs Leben geht. Jemand, der all meine noch so kleinen Sorgen kennt und sie mir nehmen möchte. Wenn ich ihm nur vertraue.

Geduldiges Vertrauen ist mir nun auch nicht gerade in die Wiege gelegt. Also bleiben, wo ich bin, so lange, bis Gott mir sagt, wo ich hingehen soll. Schön und gut, eine andere Wahl hatte ich nicht. Denn eines war sonnenklar: Bevor ich nicht wusste, wohin, wäre Durchstarten in dienstlicher Causa zugegebenermaßen dämlich. Zur Beruhigung hatte ich das starke Gefühl, dass Gott das alles im Griff habe und schon jetzt wisse, wie diese Sache ausgehen würde. Zwecks Überbrückung nahm ich mir vor, wieder Positives in meinem aktuellen Job zu sehen. Und dabei Augen und Ohren offen zu halten. Exakt als ich entschlossen diese Übergangsphase einläutete, wurde es turbulent: In einer kurzfristig einberaumten

Mitarbeiterversammlung informierte man uns, dass das Geschäft binnen drei Monaten sukzessive eingestellt würde. Der Mutterkonzern wollte nicht weiter eine hauseigene Werbeagentur führen. Diese Dienstleistung könne man am freien Markt zukaufen. Unterm Strich ging es dabei um das Schicksal von einigen Mitarbeitern, die in Betracht ziehen mussten, dass sie ein Quartal später keinen Job mehr haben würden. Zumindest nicht in diesem Unternehmen. Mehr als die Hälfte war in einem Alter, wo eine Neuorientierung problematisch werden würde.

Schlag auf Schlag ging es weiter: Die Geschäftsführung nominierte mich als Teilnehmer des Projektteams zur Erarbeitung der weiteren Vorgehensweise. Dankbar war diese Aufgabe keinesfalls. Mit meinen Kollegen durfte ich natürlich nicht über das dort Besprochene reden. Mich beunruhigte diese Verantwortung, auf einmal neben dem Geschäftsführer aufzutreten. Wo ich zuvor dafür kämpfen wollte, endlich offiziell eine Leitungsrolle zu bekommen, war mir der Schuh nun fast eine Nummer zu groß. Diese Situation, insbesondere die Isolation, überforderte mich. Auch ich befand mich in der unangenehmen Lage, nicht zu wissen, wie es für mich weitergehen sollte. Intern wurden die Stimmen hingegen lauter, dass ich durch das Mitwirken im Projektteam bestimmt einen Fixplatz in der Marketingabteilung ergattert hatte. Doch ganz im Gegenteil: Wenn wir im Projektteam über künftige Posten sprachen, ging es nie um mich. Gleiche Chancen für alle. Ich versuchte möglichst viele aus unseren Reihen zu empfehlen und die Notwendigkeit für die Weiterführung entsprechender Funktionen aufzuzeigen. Ziemlich skurril, aber mein Wunsch nach einer sinnvollen Tätigkeit wurde zeitweilig sogar erfüllt.

Während ich damit beschäftigt war, meinen inneren und äußerlichen Stress zu bewältigen, kündigten nach und nach einige der Jüngeren, die sich außerhalb des Konzerns beworben hatten. Der vom Betriebsrat entwickelte Sozialplan sah vor, dass, je früher man kündigte, entsprechend mehr aus dem sogenannten Schließungstopf ausbezahlt werde. Auch wenn das überaus verlockend war, hielt ich daran fest, dass Gott mir noch nicht gesagt hatte, wie es für mich weitergehen sollte.

Die drei Monate waren bald um, und ich hatte aus Zeit- und Nervenmangel nicht einmal eine einzige externe Bewerbung geschrieben. Von einer anderen Tochtergesellschaft hatte ich zwar ein Angebot mit Zusicherung einer Führungsposition erhalten, inhaltlich konnte ich jedoch keinen Gefallen daran finden. Außerdem waren die Zeiten, wo ich gedacht hatte, dass ich um jeden Preis eine Führungskraft werden wollte, definitiv vorbei. Aus meinem Bekanntenkreis kam die Anfrage, ob ich im gehobenen Gastgewerbe eine beachtliche Zahl an Mitarbeitern führen wolle. Das schien mir an den Haaren herbeigezogen. Aber auf der Straße würde ich nicht landen.

Just an dem Tag, an dem ich dann doch meine aktive Suche nach welchem Job auch immer starten wollte, rief mich die Konzernmarketingabteilung an. Um mir einen Aufgabenbereich anzubieten, der nichts mit dem Fortbestand der Werbeagenturfunktion zu tun hatte. Wie sich herausstellte, ein recht interessantes Themengebiet im Bereich Markenimage. Ich hatte die Erfahrung gemacht, dass es sich lohnt, auf Gott weiterhin zu hören, auch wenn die Umstände nicht dafür sprechen. Das musste ich ihm lassen, sein Timing war punktgenau.

Diesmal fühlte sich alles echt an, irgendwie richtig.

Mit dem Einstieg in diesen neuen Job konnte ich das letzte Stückchen Gewohnheit verabschieden. Ich war nun tatsächlich in meinem neuen Leben angekommen. In relativ kurzer Zeit – in etwas weniger als einem Jahr – waren kontinuierlich große Lebensbereiche neu besetzt worden. Für Ratzfatz-Veränderungen war ich immer schon zu haben gewesen, doch diesmal ging es um die Basis. Das war nicht das Ausprobieren einer neuen Phase. Diesmal fühlte sich alles echt an, irgendwie richtig.

Und trotzdem – oder vielleicht gerade deshalb – war das der Beginn einer längeren Rückzugsperiode. Denn diese grundlegenden Neuerungen, mein Singledasein, die alles verändernde Beziehung mit Gott, der ungewohnte Arbeitsplatz, all das gab mir plötzlich das Gefühl, den Boden unter den Füßen verloren zu haben. Das Alte funktionierte nicht mehr, und das Neue hatte sich einfach noch nicht etabliert.

Auf Rettungsmuster wie zum Beispiel mein ehemals sehr ausgeprägtes Selbstvertrauen hatte ich den Zugriff verloren. Diese Selbstsicherheit war von Anfang an auf wackeligem Grund gebaut worden. Auf einer tieferen Ebene verstand ich nun, was es mit dem sprichwörtlichen Zusammenfallen eines Kartenhauses auf sich hat. Zusätzlich zu den falschen Bausubstanzen hatte in meinem Fall das Fundament nicht gehalten, das vermeintliche Selbstbewusstsein war abgestürzt.

Ich steckte wie gesagt genau zwischen Alt und Neu fest. Es gab kein Zurück, und das Weiterkommen war mir – wenn überhaupt – nur in Minischrittchen möglich. Meine Maske war gefallen, und sie wollte mir auch nicht mehr passen. Wo ich bis dato nur mit meinem – sagen wir einmal – schockgefrorenen Gefühlsleben konfrontiert gewesen war, überrollten mich nun die Emotionen. Ich fing an, etwas davon zu spüren, was ich all die Jahre verdrängt hatte. Solche emotionalen Duseleien waren Neuland. Das machte mir große Angst und verunsicherte mich zutiefst.

Im Berufsleben sah ich mich schier unüberwindbar scheinenden Ängsten gegenüber: Enorm anstrengend gestaltete sich die Diskrepanz zwischen meinem bewährten Auftreten, das ich nach außen hin aufrechterhalten wollte, und meinem Innenleben, das sich total konträr dazu abspielte. Es drohte mich zu zerreißen und kostete mich unheimlich viel Kraft. Meine perfektionistische Ader erleichterte mir dies keinesfalls. Ich möchte fast sagen, ich entwickelte eine gewisse Panik davor, die Kontrolle über dieses

Schauspiel zu verlieren. Die Möglichkeit, mich authentisch zu geben, sah ich nicht.

Abends verkroch ich mich auf meine Couch und erholte mich von den Strapazen des Tages. So vergingen einige Monate, in denen ich mich hauptsächlich den Herausforderungen des neuen Jobs stellte, der auch objektiv gesehen einiges, und über lange Arbeitszeiten hinaus, von mir verlangte. Ich wurde ins kalte Wasser geschmissen und kämpfte mich ohne große Hilfe durch die Eingewöhnung. Stets darauf bedacht, nur ja nicht zu versagen.

Generell verbrachte ich einen Großteil meiner Freizeit lieber alleine. Ich las viele Bücher über Gott und auch darüber, wie man mit Ängsten umgeht. Mein Plan war, mich Step-by-Step nach außen zu arbeiten: Vorneweg wollte ich mich genauer mit der Frage beschäftigen, wer ich mit all meinen Bedürfnissen und Sehnsüchten sei. Auf nächster Ebene wollte ich meine Rolle in der Familie betrachten und herausfinden, wie ich eigentlich innerhalb von Freundschaften ticke. Zu guter Letzt meine größte Frage: Wer oder wie bin ich als Frau an der Seite eines Mannes?

Langsam und mit einem nahezu überlebensnotwendigen Blick auf Gott gerichtet, fing ich an – um in anfänglicher Metapher zu bleiben –, mein Haus auf festem Boden zu bauen: verankert in Gott. Meinen Wert wollte ich nicht länger in Trügerischem begründen. Wenn ich mich zu einem Pfusch verleiten ließ, so fiel ich zurück, indem die hohle Mauer in sich zusammenkrachte und mich das in Summe eher zwei Schritte retour gehen ließ.

Erst viel später konnte ich Gott für diesen Prozess dankbar sein: Die Schwierigkeiten zwangen mich, meinen Blick auf Gott zu richten und auf ihn zu vertrauen. Statt auf mich selbst. Ich begann langsam zu verstehen, dass Gott alles ist, was ich brauche, als Gott in gewissen Bereichen alles war, was ich noch hatte.

Extrem weit über meine ameisenhafte Vorstellungskraft hinaus

Ich bat Gott, mir eine Leidenschaft für etwas zu schenken. So sehr wünschte ich mir, etwas nur für mich zu machen. Einfach ein Hobby, in dem ich aufgehen und mich spüren konnte. Genau genommen hatte ich ständig die Freizeitbeschäftigungen meines Umfelds übernommen. Bis zu einem gewissen Punkt hatte mir das auch Spaß gemacht, und es ist sicher eine Fähigkeit, sich immer wieder auf Neues einzustellen. Aber es war halt nie das Meine.

Es dauerte nicht allzu lange, bis Gott in mir die Liebe zum Schreiben entfachte. Anfänglich schrieb ich aus dem Grund Tagebuch, meine Gedanken und Gefühle zu sortieren. Sehr schnell aber entpuppte sich das als wahre Leidenschaft – bis heute schreibe ich mitunter stundenlang, bis mir meine Hand so wehtut, dass ich aufhören muss. Ich schütte Gott schriftlich mein Herz aus. Nicht, dass Gott nicht sowieso schon wüsste, was in mir vorgeht, aber ich werde mir dabei über meinen Zustand klar, da ich meine Emotionen ausformulieren muss, um sie auf Papier bringen zu können. Und Gott gibt mir Antworten. Eine Schreibsession beende ich immer reicher als ich sie begonnen habe. Manchmal musste ich den einen oder anderen Gedankenschwall auch aus mir herausfließen lassen, um meinen Kopf freizubekommen.

Im Schreibfluss schenkte Gott mir dann bald die Idee, Schmuck zu gestalten und einen Malkurs zu machen. In kürzester Zeit besaß ich eine stattliche Modeschmucksammlung, und meine Wohnung beherbergt mehrere abstrakt gehaltene Acrylwerke aus der damaligen Entwicklungsetappe. Mit dem Malen hatte ich wie mit dem Schreiben etwas entdeckt, wodurch ich Dinge verarbeiten und erkennen kann. Ich erinnere mich gut an das Entstehen eines meiner ersten Bilder. Es stellt das Leben mit Gott dar: Auf lebendigen Rot-, Orange- und Gelbtönen strahlt ein Kristall, der den

Mittelpunkt eines Kreises aus Bällen bildet. Jeder Ball verkörpert einen Lebensbereich wie Familie, Freunde, Arbeit und so weiter. Ohne Gott im Zentrum würde das Rad aus den Fugen geraten oder eiern. Überall im Bild stecken Reißnägel, sie stellen die Probleme dar, mit denen ich zu kämpfen habe. Meist ist es mutmaßlich so, dass Gott mir auch dadurch etwas sagt. Ich glaube, er empfiehlt mir, den kleinsten gemeinsamen Nenner all dieser unliebsamen Störenfriede anzuschauen. Schon öfters habe ich festgestellt, dass ich mich entweder gleich damit beschäftigen kann oder warten, bis es mehr davon werden. Und ich einer schmerzhafteren Konfrontation ohnehin nicht ausweichen kann. Meine Fragestellung habe ich also versucht dahingehend zu ändern, dass ein „Warum ich?“ zu einem „Was kann ich hier lernen?“ wird.

Natürlich gibt es richtig heftige Schicksalsschläge. In meinem Bild verkörpert einen solchen eine schwarze, entblätterte Küchenrolle, die sich am oberen Ende wieder in die lebensfrohen Farben mischt. Auf die Frage, warum Gott in dieser Welt Leid zulässt, habe ich noch keine zufriedenstellende Antwort gefunden. Ein Großteil liegt wohl in der Folge des Abwendens von Gott, aus dem auch das Böse resultiert. Genial ist, dass Gott laut der Bibel von Anfang an einen Plan hatte und das Dilemma vor zweitausend Jahren auf lange Sicht gelöst wurde. Und jetzt kommt's: Geistreicherweise hat er das sogar in sich selbst getan, denn Jesus ist ja Teil der göttlichen Dreieinigkeit.

Für mich ist es das Wichtigste, bei solchen Überlegungen die Ewigkeit miteinzubeziehen. Es geht nicht um dieses wimpernschlaglange Leben, vielmehr aber um größere, um göttliche Dimensionen. Extrem weit über meine ameisenhafte Vorstellungskraft hinaus. Trotzdem übe ich mich darin zu vertrauen, dass er auch hier auf Erden alles zum Guten wenden kann und möchte.

Wer nicht wagt, der nicht gewinnt!

Wie ich mich ab dem „Jesus, komm in mein Leben!"-Gebet verändert habe, das kann nicht aus eigener Motivation entstanden sein.

Es ist, als ob eine neue Gesinnung, ein Navigationssystem, in mir zum Leben erweckt wurde. Insofern leitet mich jetzt meine übermenschlich transformierte Intuition und eine innere Stimme, die ich vorher nicht hören konnte. Meine komplette Denkweise hat sich drastisch gewandelt. Natürlich bin ich nicht willenlos und ferngesteuert. Im Gegenteil, ich bin heilfroh: Das ist wie beim Autofahren – wäre ja schön blöd, die Navi-Ansage zu ignorieren, wo sie doch den besten Weg kennt.

Auch meine Einschätzung der Gesamtlage hat sich um 180 Grad gedreht: Ich sehe nicht mehr mich selbst als den Nabel meiner Welt. Der Dreh- und Angelpunkt ist eindeutig Jesus – und das bekommt mir ausgesprochen gut.

Um das zu bezeugen, habe ich mich in einem kleinen Gartenteich und im Angesicht von knapp zweihundert Menschen ganzkörpertaufen lassen. Nicht etwa weil man es verabsäumt hatte, mich im Babyalter einem katholischen Ritual zu unterziehen. Viel eher, weil das Buch der Bücher zu diesem Thema anderes zu berichten weiß. Die biblische Taufe hat meinen Studien zufolge nichts mit Sündenvergebung zu tun und ist auch nicht als von den Eltern beschlossene Zwangsbeglückung gedacht. Schenkt man dem Wort Gottes Glauben, so geht es dabei um die Besiegelung der eigenen Überzeugung, sich zu Jesus zu bekennen. Und das geht ja erst dann, wenn man selbst entscheiden kann. Zu diesem feierlichen Anlass habe ich meine Familie und meine Freunde eingeladen. Wer nicht kommen konnte (oder wollte), bekam zumindest eine DVD mit meiner kleinen Rede zugesandt. Warum?

Ich sage das jetzt ganz offen: Wenn man glaubt, auf die Wahrheit gestoßen zu sein, die noch dazu gigantische Auswirkungen hat, dann kann man das doch seinen liebsten Menschen gegenüber nicht verheimlichen. Mehr noch, dann ist es vielleicht nachvollziehbar, nichts unversucht lassen zu wollen. Und zwar nicht, um eine Argumentationsrunde zu gewinnen – auch wenn man sich da leicht verlaufen kann. Eventuell fühlte sich so manch einer besonders in Anbetracht meiner ersten euphorischen Bemühungen unwohl. Ich bete, dass Gott auch das, was nicht mit ihm rückgesprochen wurde, verwendet, um sich meinem Umfeld zu zeigen.

Mir ist eine Trennung von Glaube und Religion sehr wichtig. Ich wage sogar zu behaupten, dass es sich bei Religion um das exakte Gegenteil von Glaube handelt. Wenn ich aus mir heraus religiöse Gesetze beziehungsweise bloße traditionsreiche Rituale befolge, dann trennt mich ja gerade das von einer lebendigen Beziehung mit Gott. Genau genommen bringe ich damit zum Ausdruck, dass ich ihn überhaupt nicht brauche, sondern davon ausgehe, dass mein ichbezogenes Bravsein der Schlüssel ist. Nur weil jemand jeden Sonntag in die Kirche geht beziehungsweise eine Konfession ankreuzt, heißt das eben noch lange nicht, dass er Gott wirklich kennt.

Ich muss zugeben, dass meine katholische Früherziehung mir bis heute in die christliche Quere kommt. Große, schwerfällige Worte, denen ich als Kind begegnet bin, haben einen negativen Stempel erhalten. Für mich waren das nichts weiter als auswendig gelernte Phrasen, die ich um des lieben Friedens willen herunterleierte. Die Challenge ist, dass ich mich davon nicht abschrecken lasse – und sämtliche Vorbehalte aufs Neue loslasse. Zulasse, dass genau diese Worte lebendig werden. Ich möchte ein Beispiel geben: „Sünde" ist für mich so ein Reizwort, da sage ich mir dann aber gleich hinterher, dass das halt in meinem Sprachgebrauch heißt, sich von Gott abzuwenden. Eine ursprungsnahe Übersetzung aus den hebräischen und griechischen Grundtexten wäre übrigens schlicht und sachlich „Zielverfehlung". Und zu erkennen, dass ich in die falsche Richtung laufe, und das mir und ihm gegenüber zuzugeben, wird in der Bibel als „Buße" bezeichnet.

Das wiederum führe empfehlenswerterweise zu „Umkehr“, was im wahrsten Sinne des Wortes bedeutet, sich wieder auf ihn auszurichten. Damit kann ich gut leben.

Aufräumen möchte ich auch mit der Vorstellung, dass Himmel gleichbedeutend mit langweiligen, Harfe spielenden, singenden, dicklichen Engeln ist. Ich glaube, dass der Himmel besser ist als alles, was ich mir erträumen kann. Salopp gesprochen findet dort wohl eine himmlische Dauerparty statt, weil man sich in Gottes manifester Gegenwart sowieso nur freuen kann.

Egal, was jeder Einzelne von uns denkt: Wenn es Gott gibt, dann ist es wohl unumstritten, dass er so ist, wie er ist, schnurzpiepegal, wie wir das finden. Es geht doch auf gar keinen Fall darum, dass wir uns Gott ausdenken, ihn erfinden. Gott lässt sich nicht in eine von Menschenhand zurechtgezimmerte Schatulle sperren und nach Belieben hervorholen. Wenn es Gott gibt, dann ist er so, wie er ist, und der Sinn des Lebens so, wie er ihn sich für uns ausgedacht hat.

Vielerorts wird ein strenges, strafendes Gottesbild gezeichnet, und das tut mir weh. Die Idee dahinter ist wahrscheinlich, dass eine Furcht einflößende Predigt aus lauter Angst die sündhaften Augen öffnen wird. Aber die Bibel sagt mir, dass Gott mich liebt und sicher nicht mein Feind ist. Gott ist nicht einfach nur fähig zu lieben, sein Wesen ist Liebe. Gott besteht aus Liebe! Er kann somit gar nicht anders, als uns zu lieben. Das sind gute Nachrichten!

Da ich nicht immer schon gläubig war, kenne ich den Außenblick, das Unverständnis, dem ich heute selbst in Nichtchristen begegne. Ich dachte dann, dass es sich um lächerliches und vor allem naives Wunschdenken handelt. Es heißt, dass der Weg, den ich gehe, ein schmaler und kein leichter ist, und ich bin mir trotz Hoffnung bewusst, dass die Masse nicht mitgehen wird, das hat auch Jesus prophezeit. Umso dankbarer bin ich für die Lieben, die den gleichen Kurs eingeschlagen haben. Es ist unglaublich schön, füreinander zu beten, gemeinsam Gott zu erleben, sich darüber auszutauschen, wie Gott zu uns und durch uns spricht.

Sehr gerne rufe ich mir zum Beispiel einen ganz besonderen Silvesterabend mit meiner Mädelsrunde in Erinnerung. Wir hatten uns entschieden, das neue Jahr nicht wie sonst mit einem Donauwalzer einzuläuten, wir wollten uns zu Mitternacht Gott zuwenden. Als wir uns bewusst darauf konzentrierten, Gott dafür zu danken, was er in unserem Leben alles bewirkt hatte, wuchs sogleich das Vertrauen, dass auch die Bitten fürs nächste Jahr nicht ungehört bleiben würden. Wir beteten konkret für anstehende Herausforderungen und sprachen unsere Sehnsüchte aus. Es ist immens ermutigend, miterleben zu dürfen, was Gott bei anderen tut; oft kann ich das bei Freunden noch viel klarer erkennen als bei mir selbst.

Bereits am Silvesternachmittag hatte ich den Einfall, anstelle von Glücksschweinchen oder Schokohufeisen eine hoffentlich persönliche Botschaft von Gott verschenken zu können. Genau darum bat ich ihn dann auch, als ich nach dem „Zufallsprinzip" blind Buchseiten herauskopierte. Jedes dieser Kapitel hatte einen recht spezifischen Inhalt – ein kurzer Text und eine passende Bibelstelle dazu. Nach der nächtlichen Gebetszeit ließ ich also jede eine Papierrolle ziehen. Obwohl die Themen teilweise nicht gerade „nice and cosy" waren: Sie passten 1a und begleiteten manch eine von uns durchs ganze Jahr.

Meine Jahreslosung hatte übrigens bezeichnenderweise – zwei Jahre in Folge – den Titel „Warte erwartungsvoll auf Gott". Wenn ich an meine berufliche Veränderung zurückdenke, so wird schnell deutlich, dass mich dieses Geduldsmotto begleitet, nur die Formulierungen ändern sich. Aber immerhin stand da nicht nur etwas vom Warten, sondern auch der nicht unwesentliche Zusatz „erwartungsvoll". Ich muss annehmen, dass ich es noch nicht verinnerlicht hatte, denn während ich diese Zeilen schrieb, erreichte es mich doch glatt wieder: „Ein Geduldiger ist besser als ein Starker." Und damit ich mich nicht herauswinden konnte, bekam ich es auch diesmal gleich doppelt vorgelegt: Ein und derselbe Spruch an zwei aufeinanderfolgenden Tagen auf zwei unterschiedlichen Karten!

Begonnen hat alles mit einem Glaubens-Bungeejump. Obwohl mir versichert wurde, dass das Seil halten, ich aufgefangen würde, hatte ich Sorge und jede Menge Zweifel. Aber: Wer nicht wagt, der nicht gewinnt! Schubsen ging nicht, den Schritt ins Ungewisse musste ich schon selbst machen. Mit Vorschussvertrauen, dass mich Gottes Arme auffangen würden, bin ich gesprungen. Und ja, es gibt so einiges, auf das ich keine Antwort weiß. Aber ich glaube (meistens) daran, dass er sie hat. Und auch wenn es viel Geduld erfordert, ich möchte immer mehr werden, was ich wirklich bin: ein Kind Gottes.

KÖNIGSTOCHTER

Ich bete, dass eure Herzen hell erleuchtet werden, damit ihr die wunderbare Zukunft, zu der er euch berufen hat, begreift und erkennt, welch reiches und herrliches Erbe er den Gläubigen geschenkt hat.

Epheser 1,18 (NL)

Die meisten Menschen legen ihre Kindheit ab wie einen alten Hut. Sie vergessen sie wie eine Telefonnummer, die nicht mehr gilt. Ihr Leben kommt ihnen vor wie eine Dauerwurst, die sie allmählich aufessen, und was gegessen worden ist, existiert nicht mehr.

Erich Kästner[5]

Egal, ob wir es beachten oder nicht, jeder trägt in gewisser Weise sein inneres Kind in sich. Sprich: In mir lebt auch heute neben der erwachsenen Katharina noch eine kleine Kathi. Sehr lange war ich von ihr, von all meinen Gefühlen abgeschnitten. Es war an der Zeit herauszufinden, wann ich den Kontakt zu ihr, zu meinem Herzen, verloren hatte. Ich stellte mich darauf ein, dass ich auf dem emotionalen Heilungsweg, dem Weg in die Freiheit, dem Weg zu gesunden Beziehungen, nicht umhinkommen würde, auch meine Vergangenheit im Licht der Wahrheit zu betrachten.

In diesem Bestreben machte ich mir nichts vor: Ich war an einem Punkt angelangt, wo ich nur mit Unterstützung ins Unterbewusste vordringen konnte. Die Therapeutin sollte mir helfen, die verborgenen Verletzungen und Muster an die Oberfläche zu bringen, und dann wollte ich Gott um Heilung bitten.

Ziemlich bald berichtete ich ihr von den verzweifelten Schuldgefühlen, die mich plagten. Warum ich in den letzten Jahren Männer aufgrund meiner scheinbaren Liebesunfähigkeit verletzt hatte, konnte ich mir noch gut selbst zusammenreimen, wenn ich an meine ersten sexuellen Erfahrungen dachte. Völlig abgespalten von jeglichen Gefühlen hatte ich mehr als ein Jahrzehnt keinen Zugang zu den Wurzeln meiner Misere. Es leuchtete mir mittlerweile ein, dass ich verbissen versucht hatte, einerseits mich selbst zu spüren und andererseits, wie es sich doch vermeintlich gehörte, endlich eine Familie zu gründen.

Nichtsdestoweniger war eine fundamentale Unwahrheit tief eintätowiert: Ich war scheinbar aus mir heraus schlecht, denn ich war das berühmt-berüchtigte schwarze Schaf. Hatten mir meine Eltern nicht alles geboten, sich bemüht, und was hatte ich im Gegenzug gemacht? Ich war es ja, die damals von zu Hause ausriss, ihnen den letzten Nerv raubte. Die riesige Last, die Überzeugung, dass ich an allem Schuld hatte, sie schien mich bei genauerem Hinsehen nur noch mehr zu erdrücken.

Elisabeth, die Therapeutin, wies mich darauf hin, dass dies eine weitverbreitete Lebenslüge sei, denn Kinder reagierten doch nur, und die Ursache solchen Verhaltens liege immer in der Vorgeschichte. Von außen betrachtet, klingt das so was von logisch, aber wenn man mittendrin steckt, wenn man Teil davon ist, sieht man oft den Wald vor lauter Bäumen nicht. Elisabeth schlug vor, wichtige Ereignisse meiner Kindheit auf einem Zeitstrahl einzuzeichnen, vielleicht würden wir schon auf Basis der Chronologie Indizien finden.

Ausgehend von meiner Geburt markierte ich diese Stationen: Ab meinem ersten Geburtstag musste meine Mutter für zweieinhalb Jahre arbeiten gehen, als ich vier Jahre alt war, zogen wir nach Norwegen. Rechtzeitig zum Volksschulbeginn waren wir zurück in Wien, und mit zehn zogen wir dann nochmals um.

Ehe ich weitere Punkte hinzufügte, bemerkte Elisabeth, dass sie sich vorstellen könne, dass es nicht leicht für mich gewesen sein muss, wiederholt aus meiner gewohnten Umgebung herausgerissen zu werden. Dass ich tatsächlich mehrmals von null angefangen hatte, auf keinen langjährigen Freundschaften aufbauen konnte, wurde mir erst da richtig bewusst. In jener Therapiestunde rief ich mir die Erzählung meiner Eltern ins Gedächtnis, dass ich die ersten drei Monate im Kindergarten in Oslo mehr oder weniger verstummt war. Bevor ich mich dann nämlich von einem Tag auf den anderen auf Norwegisch unterhalten konnte, beobachtete ich meine fröhlich spielenden Altersgenossen nur aus sicherer Entfernung.

Ein weiterer Erinnerungsfetzen kam mir in den Sinn: Wir waren gerade wieder nach Österreich zurückgekehrt und ich hatte mir bestimmt nicht nur dies eine Mal die Nase am Balkongitter empfindlich platt gedrückt, als ich den Kindern beim Spielen im Hof zusah. Ich wurde zu einem kleinen Profi in Sachen Freundschaften schließen. Blitzschnell lernte ich zu erkennen, was gut ankommt und was nicht, und versuchte mich auch dementsprechend zu verhalten. So fand ich bald Freunde, die ich dann nach ein paar Jahren, als wir erneut umzogen, doch nur auf Nimmerwiedersehen verabschieden musste.

In der nächsten Therapiestunde kundschafteten wir aus, wie es mir mit dem Arbeitswiedereinstieg meiner Mama gegangen sei. Meine Großmutter passte auf mich auf. Oftmals war ich deshalb unter der Woche drei Zugstunden entfernt, denn meine Oma war eigentlich in einem anderen Bundesland beheimatet. Angeblich veränderte ich mich merklich, teilweise ignorierte ich meine Mutter sogar. Zuvor hatte sie mir extrem viel Aufmerksamkeit und Nähe geschenkt, nach außen hin hatten wir laut Mamas Schwester wie eine Symbiose gewirkt. Meinem Verhalten zufolge dürfte die abrupte Umstellung aufs andere Extrem für mich ein großer Schock gewesen sein, ein Bruch in meiner Mutterbeziehung. Die mütterlichen Kompensationsversuche schienen mich trotz ihrer Bemühungen nicht wirklich zu erreichen. Offen gesprochen, wollte ich im ersten Anlauf nicht einsehen, dass mich das einschneidend getroffen haben musste; schließlich gibt es viele Kinder, die eine solche Situation gut verkraften. Genau da hatten wir aber wieder einen Punkt, denn jedes Kind reagiert ganz individuell, und ich hatte anfänglich ein Problem, anzunehmen, dass ich wohl ein sensibles Gemüt habe.

In den Zeitstrahl trug ich in weiterer Folge die Geburt meiner Schwester Andrea ein, sieben Jahre nachdem ich zur Welt kam. Auch wenn ich es als lächerlich abtun wollte, hat mich ebenso die Tatsache nicht unberührt gelassen, dass ich nach ungeteilten Jahren nicht mehr der Aufmerksamkeitsmittelpunkt meiner Eltern war. Ich hatte verdrängt, dass der kleine Wirbelwind nun viel Raum einnahm und ich als Kind eben nicht cool über den Dingen stand. Im Rahmen einer Familienfeier, kurz nach dieser Erkenntnis, wurde ein Video von anno dazumal hervorgekramt. Auf diesen Aspekt achtend, spürte ich die kindliche Sehnsucht, als ich sah, wie ich abwesend und teilnahmslos im Hintergrund saß.

Dafür erinnerte ich mich umso lieber an die Momente, in denen ich alleine mit meinem Vater Schabernack treiben konnte. Er war immer zu Scherzen aufgelegt. Dass ich kein ängstliches Mädchen werde, war ihm ein Anliegen. Gelegentlich wusste ich allerdings nicht, wie ich mich verhalten sollte, da meine Eltern dazu, wie auch in manch anderen Erziehungsfragen, gegensätzliche Haltungen einnahmen. Ich hatte dann die Sorge, dass ich den jeweils anderen enttäuschen würde, und das wollte ich natürlich auf gar keinen Fall. Damit stießen wir in einer der Sitzungen auf das mir wohlbekannte Zerrissenheitsgefühl. Auch da schaute ich näher hin und spürte mich in die kleine Kathi hinein. Klare Grenzen waren für mich lange ein Fremdwort. Vielmehr ging es für mich darum, Schritt für Schritt auszutesten, wie weit ich mich vorwagen konnte. Wahrscheinlich sogar um herauszufinden, ob ich noch geliebt würde, wenn ich die an mich gestellten Erwartungen nicht erfüllte.

Innerhalb eines längeren Zeitraums gönnte ich mir wöchentlich fachmännische Hilfeleistung auf der kindlichen Spurensuche. Es war für mich essenziell, auch auf der rationalen Ebene zu verstehen, dass es bei genauerer Betrachtung der Kindheitsgeschichte besagte Wurzeln gab, Umstände, die mein späteres Verhalten erklärten. Durch jedes weitere Puzzleteil, auf das ich stieß, fühlte ich mich entlastet.

Hier sind selbstverständlich nur einige Headlines angerissen, in diesen Stunden spielte sich auf einer tieferen Ebene weit mehr ab. Alleine darüber könnte ich ein eigenes Buch schreiben.

Ein paar Jahre danach habe ich übrigens erlebt, wie es ist, wenn Gott in die Wurzelbehandlung mit eingebunden ist. Er ist der Einzige, der zielsicher weiß, wo das Zentrum der Wunde sitzt, und kann uns durch den Heiligen Geist ohne Umschweife hinführen. In meiner Zeittafel hatte ich beispielsweise nie dem Faktum Beachtung geschenkt, dass mir in meinem ersten Lebensjahr für einige Monate „Baby-Zügel" angelegt wurden. Die Ärzte hatten meinen Eltern aufgrund einer Beckenschiefstellung dringend dazu geraten, wenngleich ihnen mein Schreien das Herz zerriss. Zu Beginn konnte man mir nur unter Teilnahme mehrerer Personen, die mich festhalten mussten, das Gestell aufzwingen. Monatelang waren meine Beine abgewinkelt an den Körper geschnallt und ich der Bewegungsfreiheit beraubt. Als genau dort hineingebetet wurde, nahm ich im geistigen Raum wahr, wie Jesus rückwirkend in die Krankenhaussituation kam und die Gurte durchschnitt, die Ärzte fortschickte und mich beruhigend in den Arm nahm. Vielleicht kann man sich das, was da passierte, nicht gut vorstellen, aber auf der Gefühlsebene spielte sich spürbare Heilung ab, wie ein Riss, der sich schloss. Zudem konnte ich identifizieren, dass ich viel früher als erst im Alter von dreizehn Jahren einen Übergriff erlebt hatte.

Immer mal kamen weitere Erinnerungen hoch, und zu gegebener Zeit traute ich mich, mit der dreizehnjährigen Kathi auf vorsichtige Tuchfühlung zu gehen und mich in ihre damalige Welt hineinzuversetzen. Nach und nach begann ich mit geistlicher und therapeutischer Hilfe die verbannten Gefühle, die ich auf der Schreckenswiese liegen gelassen hatte, aufzusammeln. Ich denke, emotionale Wiederherstellung – und damit meine ich unterm

Strich das Erkennen und Reinfinden in unsere gottgegebene Identität – ist sowieso ein Prozess. Und je mehr ich von dieser wahren Identität erkenne, desto schneller heilen meine Wunden, und alte Verletzungsnarben fallen ab. Gott hat mir zwar schon meine nigelnagelneue Identität in ihm geschenkt, aber das umfassend zu realisieren und dann auch noch zu glauben, kann wohl leider nicht von heute auf morgen geschehen.

Lange hat mich in meiner Selbstfindung die übertragene Frage begleitet, ob ich in meinen Grundzügen eigentlich eher Schmetterling oder Marienkäfer sei. Diese Analogie auf Basis eines Kindheitserlebnisses hat mich irgendwie nicht mehr losgelassen. Dazu möchte ich eine Geschichte aus dem Leben der achtjährigen Kathi erzählen:

Es trug sich also an einem Dienstag, einem Faschingsdienstag, zu. Seit Tagen war ich aufgeregt, wo ich es doch liebte, mich zu verkleiden. Auch während des Jahres schnappte ich mir oft Mutters Sachen: Röcke, Kleider, Stöckelschuhe, Schmuck, Lippenstifte. Ich konnte Stunden damit verbringen, mich wie eine Prinzessin zu fühlen und auf wackeligen Beinen auf und ab zu stolzieren. Manchmal marschierte ich dann auch zu Volksmusik aus dem Radio um den Wohnzimmertisch herum.

An diesem Faschingsdienstag war die ganze Familie etwas früher aufgestanden. Meine Mutter schminkte mich und half mir dabei, in das geborgte Kostüm zu schlüpfen. Für die Faschingsparty hatte sie einen Kuchen gebacken. „Jeder soll bitte etwas mitbringen“, hatte die Frau Lehrerin ins Mitteilungsheft eintragen lassen. Die Klasse war lustig geschmückt, und überall standen leckere ungesunde Naschereien herum. Das würde ein toller Tag werden! Alle Kinder sollten mit ihrem Sessel einen Kreis bilden. Jetzt würden Spiele gespielt.

Den Anfang machte eine Vorstellrunde. Reihum sollte jeder seine Verkleidung auch darstellen. Matthias war der Erste, er schwang sein Plastikschwert in der Luft herum. Allein schon durch seine Augenbinde war es allen klar: Er war ein Pirat. Mein

Herz klopfte ziemlich schnell, so gerne hätte ich begonnen. Noch vier Auftritte, dann würde ich an die Reihe kommen. Eine Fee, ein Cowboy, eine Zigeunerin und ein Frosch. Mein Herz klopfte noch viel schneller. Endlich war ich dran. Ich lief in die Mitte, um von dort aus einen großen Kreis zu fliegen. Mit den Händen bewegte ich meine Flügel auf und ab, dazwischen sprang ich in die Luft. Es war herrlich! Vergnügt rief ich: „Ich bin ein Schmetterling, ich bin ein Schmetterling!" Stille. Plötzlich fingen alle an, wie wild zu lachen. Es war ein komisches Lachen, als ob ich ausgelacht würde. Da fiel es mir wieder ein: Auch wenn ich noch so gerne ein Schmetterling gewesen wäre, ich war als Marienkäfer verkleidet.

Schmetterling oder Marienkäfer? Wer war ich, oder wer bin ich? Ich hatte so eine Sehnsucht danach, ein Schmetterling zu sein. Im Innersten war ich damals ein überzeugter Schmetterling. Aber sollte meine Aufgabe vielleicht lauten, dass ich mich trotzdem damit anfreunden musste, doch „nur" ein Marienkäfer zu sein?

Die Tierchen sind natürlich total liebenswürdig. In meiner Fantasie verkörpern die süßen, fleißigen Glücksbringer allerdings im direkten Vergleich mit der Schmetterlingsgattung eine brave, einheitlich bepunktelte Masse.

Ich habe wirklich versucht, mich mit der marienkäferlichen Sei-lieb-und-pass-dich-einfach-an-Identität abzufinden. Zum Glück ließ mir meine Schmetterlingssehnsucht keine Ruhe. Deshalb habe ich es zwischendurch auch mit Mischformen probiert: Eventuell war ich ja zumindest ein etwas individuellerer Schmetter-Käfer oder ein Marien-Ling?

Da bin ich echt so froh, dass ich nicht bei dem lauwarmen Kompromiss bleiben konnte und mich die Erkenntnis eines Tages überwältigte: Egal, wie andere mich sahen, ich wollte von Anfang an ein Schmetterling sein, dieser Wunsch war in mir drinnen. Und schließlich war es sonnenklar – Trommelwirbel –: Ich war dazu bestimmt, ein Schmetterling zu sein! Als ich das für mich begriffen hatte, entschied ich mich dafür, meinem Sehnen nachzugehen, und nahm mich selbst als etwas Besonderes an. Und abgesehen davon, dass sich in jedem Schmetterlingsleben irgendwann einmal eine wundersame Verwandlung vollzieht, verbinde ich aufregend schöne Freiheit und Einzigartigkeit mit ihnen. Ich liebe es, ein frisch geschlüpftes Schmetterlingsexemplar sein zu dürfen: bunt, schillernd, vielfältig und je nach Lust und Laune auch auffällig.

Es ist nicht auszudenken, was Gott aus den Bruchstücken unseres Lebens machen kann, wenn wir sie ihm ganz überlassen.

Blaise Pascal

„Die fünf Sprachen der Liebe"[6] ist der Titel eines Buches, das ich durchaus als eines meiner Lebensbücher bezeichnen würde. Der Autor widmet sich dem Allerwichtigsten, nämlich Liebe zu geben und Liebe zu empfangen. Zur wahren Liebe gehören zwei Dinge, erstens das Wissen um das Wesen der Liebe und zweitens der Wille zu lieben. Das Problem dabei ist, dass wir Mitmenschen unsere Zuneigung so zu vermitteln versuchen, wie wir sie selbst am meisten empfinden würden. Aber wenn das Gegenüber nicht die gleiche Liebesmuttersprache spricht, bedeuten all die Liebesbeweise nicht das, was sie umgekehrt uns selbst bedeuten würden. Jeder spricht also seine eigene Sprache der Liebe und wundert sich möglicherweise, warum der andere sich nicht geliebt fühlt.

In meinem konkreten Fall kamen die Liebesbekundungen meiner Eltern bei mir irgendwie nicht an. Tief drinnen fühlte ich mich trotz ihrer oftmaligen Beteuerungen ungeliebt und dachte, mit mir stimme etwas nicht. Diesen Umstand offenzulegen, getraute ich mich nicht.

Ich kann hier gar nicht vermitteln, wie mich diese einleuchtende und zugleich so simple Theorie um die unterschiedlichen Liebessprachen erleichterte. Jahr um Jahr hatten wir demnach aneinander vorbeigeliebt. Der Schlüssel zum besseren Miteinander lag darin, Liebe und Wertschätzung so auszudrücken, dass sie auch ankommen.

Ich weihte also meine Eltern in die neu entdeckte Kunst ein und bat sie, sich ebenfalls in die fünf Ausprägungen einzulesen: Liebesausdruck oder -empfinden durch ermutigende Worte, durch Geschenke, durch Hilfsbereitschaft, durch Zeit zu zweit oder durch körperliche Nähe. Es ist erstaunlich, wie rasch sich Bindungen von einem Tief erholen können, wenn man bewusst den Liebeskanal seines Gegenübers wählt. Zumeist nehmen wir alle fünf dieser Kategorien positiv wahr; entscheidend ist aber, wodurch wir uns wirklich geliebt oder wertgeschätzt fühlen und uns auch diesbezüglich ausdrücken.

Hier ein Praxisbeispiel zur Untermauerung: Mein Vater bringt seine Zuneigung bevorzugt durch Hilfsbereitschaft zum Ausdruck, meine Mutter fühlt sich besonders geliebt, wenn sie gemeinsame Zeit verbringen kann, und für meine Seele ist ein ermutigendes, bekräftigendes Wort Balsam. Als ich nun lernte, Reparaturdienste meines Vaters nicht nur als sehr nette Geste zu werten beziehungsweise die Enttäuschung meiner Mutter darüber, dass ich nicht jeden Sonntag zum Essen kommen wolle, auch unter dem Deckmantel ihrer Liebe zu sehen, sah die Welt schon wieder ganz anders aus. Fortan bemühten auch sie sich, mich verbal zu bestärken.

Dass mein Liebestank in all den jugendlichen Jahren staubtrocken geblieben war, stellte sich nun nicht mehr als verwunderlich dar; meine Eltern hatten ja, basierend auf meinen pubertären Eskapaden, eher vorwurfsvolle Worte gewählt. Zur Debatte stand das, was ich falsch gemacht hatte und was ich ändern sollte. Auch später hielt sich das Verständnis für meine Männergeschichten oder meinen freizügigeren Umgang mit Geld in Grenzen. Die (sicher gut gemeinten) Ratschläge und Maßregelungen hatten genau das Gegenteil bewirkt. Druck ist nicht beziehungsfördernd, ich fühlte mich unverstanden. Ich weiß, dass die beiden gerne die Zeit zurückdrehen würden, um sich eher auf die Ursachen meines damaligen Verhaltens als auf die unliebsamen Auswirkungen zu konzentrieren.

Ich hatte mich jedenfalls nur immer mehr von ihnen zurückgezogen, lastete doch nach wie vor die Verantwortung für die offensichtlich aus dem Gleichgewicht geratene Familiensituation auf meinen Schultern. Die Schuld nicht mehr grundsätzlich bei mir zu suchen, hatte ich ja bereits begonnen, und ich freute mich über meine neue Haltung, derzufolge es ohnehin nicht um Schuldzuweisungen geht. Unter enormem Energieaufwand zwang ich mich, aus diesem Kreislauf auszusteigen und nicht weiterhin die komplette Familienverantwortung zu übernehmen. Umso schwieriger, da das, bei oberflächlicher Betrachtung, ganz gewiss meinem Bestreben, endlich „eine gute Tochter" zu sein, widersprach. Die Rollen waren noch so verteilt, dass ich dabei war, das Geschehene aufzuarbeiten, und meine Eltern darauf warteten, dass dann das ersehnte, gut funktionierende Eltern-Tochter-Zeitalter anbrechen konnte. Ich sah ein, dass ich ihnen ihre Verantwortlichkeit zurückgeben musste, und bat sie, ihren Teil der Geschichte zu hinterfragen.

Eine Zeit lang probierten wir, unsere Angelegenheiten innerhalb der Familie zu regeln. Meine Tante Angelika, die hauptberuflich Lebens- und Sozialberaterin ist, unterstützte uns – vor allem aber mich – in diesen Annäherungsversuchen sehr. Durch ihre Mediation zeigte sie uns Hebel auf, an denen dennoch jeder für sich weiterarbeiten musste. Eines Tages eröffnete ich meinen Eltern, dass ich es zudem für unser aller Bestes hielt, den Kontakt für ein halbes Jahr abzubrechen, auf Abstand zu gehen. Ich wünschte mir von ihnen, dass sie ebenfalls mit außenstehender Hilfe noch tiefer hinter die Kulissen blickten.

Durch diesen gewagten Schritt hatten wir überhaupt erst die

Möglichkeit, noch einmal neu zu beginnen. Wir konnten aufhören, Theater zu spielen, und einander offen und authentisch begegnen. In dieser familienabstinenten Phase bat ich Gott um Führung und um den Mut, der es uns allen erlauben würde, uns darauf einzulassen. Und wirklich, ab diesem Wendepunkt zogen wir an einem Strang, wenn auch vorerst an verschiedenen Orten – aber die Richtung stimmte. Beide Elternteile nahmen, anfangs wohl allein mir zuliebe, weitere Unterstützung in Anspruch und scheuten nicht davor zurück, die Vergangenheit aus einer anderen Perspektive unter die Lupe zu nehmen. Auch sie waren zur Einsicht gekommen, dass es zu lange schon in unser Haus regnete und wir doch nur Kübel aufstellten. Nun aber war es an der Zeit, das Loch im Dach zu finden.

Mit meiner Schwester Andrea bot sich aufgrund unseres Altersunterschieds und meines frühen Flüggewerdens ebenso ein Beziehungsrelaunch an. Selbstverständlich bin ich die Big Sister geblieben, heute verbindet uns aber weit mehr. Es ergeben sich selbstverständlich Situationen, wo wir alle vier in alte Rollen und Muster schlittern. Aber Gravierendes hat sich auf jeden Fall verändert, wir gehen ehrlich miteinander um und haben verstanden: Entscheidend ist, dass man sich im Familienverband auch auf einer erwachsenen Ebene kennenlernen muss. Noch viel besser klappt es, seit auch sie Gott als Kapitän in ihrem Leben haben und wir sowohl auf natürlicher als auch auf geistlicher Ebene verbunden sind.

Und es kam der Tag, als das Risiko,
in der Knospe zu verharren,
schmerzlicher wurde als das Risiko, zu blühen.

Anaïs Nin

Die Erkundung der Psyche faszinierte mich früh. Nach dem Schulabschluss gedachte ich sie sogar im Hauptfach zu studieren. Man riet mir allerdings von allen Seiten davon ab, dieses überlaufene Studium mit lausigen Berufsaussichten anzutreten. Sehr in Mode kamen damals intensive Kurzstudiengänge mit Praxisuntermauerung. Eine Professorin, die nahezu als einzige aus dem Lehrkörper die fünf langen Oberstufenjahre hindurch an mich geglaubt hatte, erkundete mit mir das Weiterbildungsangebot. Ich bin so dankbar, dass sie in meinem lebhaften, sicher auch im Unterricht hie und da aufmüpfigen beziehungsweise mehrfach gar fehlenden Wesen von Anfang an Potenzial sah und mich insgeheim der Streberschar vorzog. Das weiß ich, weil nach den Abifeierlichkeiten ein freundschaftliches Verhältnis daraus entwachsen ist. Sie war es auch, die mir zu jenem Orientierungstestresultat verhalf, das auf eine Kommunikationskarriere mit Fokus auf Werbung hindeutete. Um durchzustarten, schien mir das in Hinblick auf den vorhandenen Aspekt der Werbepsychologie eine würdige Alternative zu sein.

Die Option auf eine psychologieverwandte Ausbildung hakte ich jedoch nie ab. Im Besonderen spielte ich mit dem Gedanken, ein berufsbegleitendes Coachingdiplom anzusteuern. Wären da nicht die hohen Kosten gewesen. Nun habe ich ja schon von so mancher Gebetserhörung und wundersamen Schicksalsfügung berichtet, und auch diesmal durfte ich staunen. Ich wurde doch glatt von einer lieben Bekannten gefragt, ob ich unentgeltlich (!) für jemanden in solch einem Lehrgang einspringen wolle. Keine Frage, das ließ ich mir nicht entgehen, dass sich dieser langjährig gehegte Wunsch genau zur rechten Zeit in meiner Entwicklung erfüllte. Am liebsten hätte ich es in die ganze Welt hinausgerufen, wie gut Gott ist! All die lehrreichen Wochenendmodule haben mich auf meinem persönlichen Lebensweg entscheidend weitergebracht. Durch diese Monate hindurch beschäftigte mich vor allem Authentizität und Mut zur Unvollkommenheit. Eben zu mir zu stehen, meine Schwächen anzunehmen, zu akzeptieren, dass sie zu mir dazugehören und mich ja mit ausmachen.

Auch wenn ich mich noch so erfolgreich durchgeschummelt hatte, ich wollte das Versteckspiel beenden und endlich offen mit meiner Redeangst vor größeren Gruppen umgehen. Wahrscheinlich liegt ein wesentlicher Anker in meinem traumatischen Fernsehinterview-Erlebnis am Vernissage-Abend bei der großen Werbepreisverleihung. Vor laufender Kamera sollte ich Hintergrundinfos zu unserer Ausstellung geben. Nach ein paar aufwärmenden Sätzen mit der Moderatorin war es dann so weit, die grellen Lichter gingen an. Sogleich hatte sich eine neugierige Menschentraube um uns gebildet. Und dann der Überraschungsmoment, der mir das Genick brach: Die TV-Lady richtete die erste Frage direkt an mich, und zwar auf Englisch! Das traf mich so unerwartet und brachte mich derart aus dem Konzept, dass ich ganz einfach kein Wort herausbrachte und nur mehr meinem Werbeakademiekumpanen Simon ein panisches Zeichen geben konnte. Geistesgegenwärtig übernahm er das Gespräch, und mir blieb nichts anderes übrig, als an seiner Seite lieb zu lächeln, während ich innerlich tausend Tode starb.

In einem ersten Schritt machte ich mein Dilemma also der gesamten Coachingrunde transparent. Und auch hier war es wie vermutet, denn die Verwunderung war groß, weil ich aufgrund meines Naturells alles andere als präsentationsscheu wirke. Genau das machte mir ja den enormen Stress. Aus dem Grund hatte ich jahrelange Sorge, dass ich in solchen Situationen lande – wo zudem noch jeder dachte, dass ich darin aufgehe und mir das Freude bereiten würde. Weit gefehlt, in meiner Vorstellung, obwohl ich mich teilweise nicht einmal hineindenken wollte, würde ich total versagen, mich lächerlich machen, eventuell in Ohnmacht fallen.

Aber das war exakt der Kernpunkt: Erst als ich Licht an die Ängste ließ, fingen sie an, ihre Macht zu verlieren. Im Hellen betrachtet, sozusagen zu Ende gedacht, lösten sich gleich mal einige Befürchtungen in Luft auf. Diese Dinge dort auszusprechen und auf Verständnis zu stoßen, war sichtlich befreiend. Als Resonanz erleichterten sich erstaunlich viele mit ähnlichen Angstberichten. Es ist wohl wahr, dass wir nur wachsen, wenn wir Risiken eingehen – und eins der größten ist es, zu sich und anderen ehrlich zu sein.

Vor allem aber behüte dein Herz, denn dein Herz beeinflusst dein ganzes Leben.

Salomo, Sprüche 4,23 (NL)

Eines ist unumstößlich: Egal, wo ich hingehe, ich bin todsicher immer dabei. In diesem Sinne ließ Gott nicht locker, mir vor Augen zu führen, wie notwendig es ist, sich und seine wahre Identität zu kennen. Einen gesunden Kontakt mit sich zu haben, um in erster Linie eine gute Beziehung mit ihm, aber auch mit anderen haben zu können. In dem Bestreben, mich mir selbst weiter anzunähern, fiel meine nächste Wahl darauf, ein Semester lang Teil einer Psychodramagruppe zu werden. Ungeschminktes Feedback zu bekommen, ungeschminktes Feedback zu geben. Ganz klassisch fanden wir uns zu Beginn meist in einem Sesselkreis ein, wo jeder im Rahmen eines Warming-up die Möglichkeit hatte zu berichten, was ihn beschäftigte. Dann folgte das spielerische Aufarbeiten einzelner anstehender Themen, zum Beispiel in Form einer Familienaufstellung. Im letzten Drittel wurde das Erlebte in der Gruppe reflektiert und auf eine gegenwärtige Ebene übersetzt. Was sich an so einem Abend auch entwickelte, es hatte irgendetwas mit einem selbst zu tun und erweiterte ungemein den Horizont. Ein Raum, um sich auszuprobieren, sich zu trauen und einzulassen. Ich habe dort wahrlich äußerst spannende Stunden erlebt.

Echt unglaublich, dass sich innerhalb eines gruppendynamischen Systems die gleichen thematischen Herausforderungen abzeichnen, wie man sie von draußen, vom echten Leben, nur allzu gut kennt. In der Vorstell- und Kennenlernrunde ging das eigentlich schon los. Wir wurden aufgefordert, spontan aus unterschiedlichen Postkarten eine auszuwählen. Mir stach sofort eine abstrakte Karte in meinen Lieblingsmalfarben ins Auge. Ein tiefrotes Herz auf Orange, Pink und fröhlichem Gelb. Ich dachte, dass wir sicher im nächsten Atemzug einen erklärenden Zusammenhang herstellen sollten, in welchen Kontext wir die Abbildung zu uns selbst setzten. Doch noch bevor ich mir etwas Sagbares aus den Fingern saugen konnte, hieß es, dass jeder seine Karte irgendwo im Raum positionieren solle, einfach nach Gefühl. Na gut, ein schönes Plätzchen war schnell gefunden.

Paff, keine drei Augenblicke später hatte jemand seine in Grautönen gehaltene Bildkonstruktion auf meine geknallt. O nein, mein Herz war nun zur Hälfte verdeckt! Das machte mich irgendwie wütend, als ob mir jemand die Luft zum Atmen abschnitt. In Gedanken redete ich mir gut zu, dass das ja wohl lächerlich sei und es sich nur um ein Spielchen handle, aber das Unwohlsein verging nicht.

Dann kam ich dran, den anderen zu offenbaren, wie es mir momentan in Anbetracht des Postkartenexperiments ginge. Trotz vehementer innerer Unruhe brachte ich es nicht übers Herz, die Inhaberin der tristen Karte darüber aufzuklären, dass mir das nicht recht war. Hatte sie doch ihre Positionierung dahingehend bekräftigt, dass sie gerne etwas von meinem Wesen, übersetzt von meiner Karte, abbekommen wolle. Mir schien es, als wollte sie die

Farbe regelrecht absaugen. „Nein, nein und noch einmal nein“, schrie alles in mir, und doch blieb ich fürs Erste dabei, den höflichen Weg einzuschlagen und meine Grenze nicht zu verteidigen. Schließlich wollte ich niemandem wehtun.

Wer für alles offen ist,
kann nicht ganz dicht sein.

Verfasser unbekannt

Dienstags bin ich T.O.T. Das klingt makaber, ist jedoch lediglich eine nicht ganz unzutreffende Abkürzung für meinen wöchentlichen „Time Out Tuesday“ (Dienstagsauszeit). Ich habe vor ein paar Jahren erkannt, dass mein Privathandy einen Ausschaltknopf hat, und begonnen, ihn zu betätigen. Diese ständige Erreichbarkeit hat mich wahnsinnig gemacht. Wie es zu solch drastischen Maßnahmen kam? Hm, mal überlegen, also das war so: Hin und wieder war ich emotional in dem Umfang ausgelaugt, dass ich zu kurzfristigem Rückzug gezwungen war. Das war irgendwie keine aktive, freiwillige Entscheidung, sondern nur mehr unumgängliche Regeneration. Ich ging über meine Grenzen, bis ich die letzten Tropfen meines Energietanks verfahren hatte. Der Boxenstopp wurde leider erst dann eingewunken, wenn mein Körper starke Signale abgab, Schmerzsignale nämlich. Wo manch einer bei Überforderung über Kopfweh klagt, zwang mich ein bohrender Kreuzschmerz auf die Erholungscouch.

Meinem sensibilisierten Körper bin ich dankbar dafür, dass er mich lehrte, besser auf mich zu schauen. Wer sich nicht spürt, nicht in Verbindung mit sich und seinem Körper ist, der kann eben auch nicht die eigenen Grenzen abstecken.

In Verbindung mit mir zu bleiben, fiel mir gerade dann außerordentlich schwer, wenn andere etwas brauchten – oder anders formuliert, wenn meine Antennen eine diesbezügliche Erwartung orteten. In der Umorientierungsphase sagte ich mir vor, dass ein gutes Gespür für andere nicht automatisch mit einer Aktion meinerseits zu verknüpfen sei. Wann ich reagieren soll und wann trotz starker Wahrnehmung nicht, musste ich zu unterscheiden lernen. Bei Unsicherheit frage ich jetzt lieber Gott um Rat, das ist die beste Methode. Einzig er kann wissen, was sinnvollerweise zu tun ist, was jemand wirklich in dem Moment – und auch langfristig betrachtet – benötigt, einfach wie es in jedem von uns ausschaut.

Im fortgeschrittenen Studium lernte ich, dass ich meine Antennen überhaupt einfahren, auf Empfangspause schalten kann. Besonders herausfordernd war es für mich, in Konfliktsituationen zwischen die Fronten zu geraten. Das eine oder andere Mal drohte mich das schon zu entzweien, wollte ich doch sofort schlichten, weil ich dachte, die wunden oder missverständlichen Punkte zu erkennen. Echt schwer fiel es mir, als mir nahestehende Personen in eine solch missliche Lage kamen, dass sie sogar für einige Zeit ihre Kommunikation miteinander zur Gänze einstellten, ich aber mit beiden weiterhin engen Kontakt hatte.

An Übung mangelte es mir definitiv nicht, ich wurde irgendwie so lange mit derartigen Situationen konfrontiert, bis ich einen guten Umgang damit fand. Die intensive Kenntnisnahme der Gefühls- und Beziehungsebene ist ja bewusst eingesetzt auch eine bereichernde Eigenschaft.

Darüber hinaus glaube ich aber, dass es für jedermann von Bedeutung ist, seine emotionale Wohlfühlzone zu kennen und in diesem Wissen ebenso anders gelagerte Grenzempfindungen zu respektieren. Groll sagt mir ja, dass meine Grenzen verletzt wurden, da brauche ich nur an meine übertragene Postkartenerfahrung zurückdenken. Zorn ist also de facto etwas Positives, wenn man mit diesem Warnsignal umzugehen weiß. Nachdem ich mit Gott über meine Postkartenempörung gesprochen hatte, fasste ich dann übrigens im Rahmen der zweiten Psychodramasitzung den Mut und äußerte mein verletztes Grenzgefühl.

Eine hohe Disziplin ist das wertschätzende In-die-Schranken-Weisen notorischer Grenzüberschreiter, die oftmals gar nicht um ihre Wirkung wissen. Es ist keine Seltenheit, dass sensitive Menschen – und da war ich ein Paradebeispiel – wiederum höflich ihre eigenen Bedürfnisse verleugnen, um ja den harmonischen Frieden zu bewahren. Auch ein gesundes Nein hat unabwendbar zur Folge, dass man Verantwortung für seine Entscheidungen übernehmen und mit Konsequenzen leben muss. Das will erst mal gelernt sein, das kann ich bestätigen. Theoretische Kunde schützt vor Rückschlag nicht, auch das ist ein langjähriger Umdenkprozess. Speziell bei den primären Anläufen kostete es mich enorme Überwindung, anders zu handeln, als es mein Umfeld gewohnt war. Das fing bei Kleinigkeiten an, beispielsweise auch über mein Dienstags-Time-out hinaus nicht immer erreichbar zu sein. Ich erntete damit nicht nur Beifall, aber es fühlte sich lediglich am Anfang richtig schlimm an. Oft wird es ja noch schlimmer, bevor es besser wird. Aber als es dann besser wurde, war es viel besser!

Ich finde, es ist sehr wichtig, nicht von seinen Mitmenschen gelebt zu werden. Noch wichtiger ist es, das im Fall des Falles überhaupt zu bemerken. Und eines zeichnete sich ab: Das Helfersyndrom hat auch einen Lustgewinn, allem voran, gebraucht zu werden. Es ist nicht leicht, darauf zu verzichten. Ähnlich verhält es sich mit einer weiteren typischen Frauenkrankheit: Es anderen recht machen zu wollen. Auch von dieser weitverbreiteten Sucht hat man natürlich etwas, und zwar gemocht zu werden. Das sage ich auf Basis meiner eigenen Einsicht. Allerdings wird es nie genug sein, man kann sowieso niemals alle Erwartungen erfüllen.

Neben „Mach es allen recht!“ klärte mich die Fachliteratur noch über diese traditionellen Antreiber auf: „Sei perfekt!“, „Mach schnell!“, „Sei stark!“ und „Streng dich an!“ Es handelt sich dabei um in der Kindheit verinnerlichte Anweisungen, oft auch in jenen Kindertagen unverzichtbare sogenannte Überlebensstrategien, die wir uns als Erwachsene (meist unbewusst) weiterhin geben. Das geschieht mit mir vorwiegend dann, wenn ich unter Stress stehe oder mich in meinem Selbstbewusstsein angeknabbert fühle.

Ein erster Schritt, der Maschinerie zu entkommen, war also, um sie zu wissen und aus dem Hamsterrad auszusteigen: Im Gebet habe ich diese übergestülpten Festlegungen beziehungsweise inneren Schwüre, so und so sein zu müssen, um geliebt zu werden, offiziell in Jesu Namen widerrufen, sie gebrochen. In weiterer Folge funktionierte es bei mir am besten mit einer Gegenbotschaft, einem „Erlauber" – zum Beispiel in meiner damaligen Allenrechtmach-Falle: „Ich darf mich selber und meine Bedürfnisse ernst nehmen. Ich bin okay, auch wenn jemand unzufrieden mit mir ist."

Die meisten von uns werden wie aus der Pistole geschossen irgendeine Weisheit über die Kraft der Gedanken kennen. Eine biblische wäre, dass wir auf sie achten und sie sogar gefangen nehmen sollen.[7] Selbsterklärend schlussfolgere ich daraus, dass unsere Gedankenquelle nicht automatisch eine göttliche ist. Es empfiehlt sich also, etwas genauer hinzuhören und Eingebungen nicht ungefiltert anzunehmen. Denn nicht jeder Einfall ist es wert, weiterverfolgt zu werden. Ich übe mich darin, Unwahrheiten zu entlarven, diese dann eben wie gefangen zu nehmen und das Negative entschlossen abzulehnen. Eine Lüge hat ja nur so viel Macht, wie ich ihr zugestehe. Ich halte es für ein universelles geistliches Prinzip, dass ich in etwa das erleben werde, was ich erwarte. Je mehr Zeit ich mit dem Training verbringe, mein Gedankengut Gottes Wahrheit anzugleichen, desto mehr Positives wird in meinem Leben sichtbar und manifestiert sich. Und desto gesünder werden auch meine dreidimensionalen Beziehungen: zu Jesus, zu mir und zu anderen.

Skrupel, Anrufe nicht sofort zu beantworten, habe ich übrigens schon länger abgelegt. Die Auszeittradition habe ich beibehalten, und das nicht nur, weil sich meine Umgebung irgendwann einwandfrei an das dienstägliche Fehlen gewöhnt hat. Der Terminus hat sich dabei humorig auf „T.O.T. mit D.J." erweitert, was für „Dating Jesus" steht. Meine Dienstagabende sind im Allgemeinen Jesus vorbehalten.

Gott hat auch die Sexualität erfunden!

Einer der häufigsten Diskussionspunkte, der sich anfänglich in meinem nichtchristlichen Umfeld herauskristallisierte, war die Männer-und-Sex-Debatte. Sprich, dass ich mich erstens entschieden hatte, auf den Richtigen zu warten, und zweitens, dass der Richtige für mich nur auch ein Christ sein kann. Alle guten Dinge sind ja drei, recht bald hatte ich mir ebenfalls vorgenommen, erst zu heiraten und danach die sexuelle Beziehung zu meinem Ehemann auszuleben.

Eines vorweg: Ich hasse Regeln um der Regel willen. Lediglich aus einem Prinzip heraus könnte ich so etwas nicht durchziehen. Muss ich ja zum Glück auch nicht, denn Jesus hat die Epoche des alttestamentlichen Gesetzes – im Stile der Zehn Gebote – ja vor zwei Jahrtausenden aufgehoben. Genau deshalb bat ich Gott, dass er mir zeigt, warum es auch im Neuen Bund, im Neuen Testament, unmissverständlich heißt, dass die Sex-nach-der-Hochzeit-Herangehensweise die moralisch beste sei.[8] Generell komme ich immer mehr dahinter, wie bedeutsam es ist, Bibelstellen im Kontext und gemeinsam mit dem Heiligen Geist zu lesen. Bei meinen Recherchen rund um den sexuellen Vollzug bin ich dann darauf gestoßen, zwischen einer menschlichen Vereinbarung und dem Sakrament der Ehe zu unterscheiden. Ein Sakrament ist etwas Übernatürliches, etwas Mystisches, da ist Gott mit drinnen. Die lateinische Wurzel „sacer" erklärte mir den Rahmen dieser Dreiecks-Verbindung: heilig und unverletzlich.

Zurück zu meiner Geschichte möchte ich gerne ein bisschen ausholen, denn ich muss zugeben, dass es mir anfangs nicht schwerfiel, mich an mein Vorhaben zu halten. Aber eher aus dem Grund, dass mir die Männerwelt gestohlen bleiben konnte. Zudem erlaubte mir meine generelle Unsicherheit basierend auf meinem Selbstfindungsprozess nicht einmal, in Richtung eines Mannes zu schnuppern. Na ja, ein, zwei Mal schnupperte ich dann doch ... Am Rande sei angeschnitten, dass etwas sehr Wahres daran ist, dass man seinen Partner auch im wörtlichen Sprachgebrauch wirklich gut riechen können muss.

Ich hatte also das Gefühl, dass Gott mir jemanden zeigte. Nur interpretierte ich – Interpretation ist eines meiner Lieblingslaster – mit galoppierender Geschwindigkeit viel zu viel hinein. Im Nachhinein wusste ich es dann besser, es war wahrscheinlich von Gott, nur wollte er mir nicht konkret jemanden, sondern etwas zeigen. Das gab mir die Möglichkeit, ein Stück weit herauszufinden, welcher Typ Mann denn zu mir passte. Anhand des Ausschlussverfahrens.

Gott half mir, durch mein erstes gedankliches Interesse an einem christlichen Mann, der auch mir zugeneigt schien, ein altes, immer wiederkehrendes Beziehungsmuster zu entlarven: Es war der vertraute Mechanismus angesprungen, der mir Dinge versprach, die sich nicht mit der Realität deckten. Auch bei dem anderen Fall, einige Monate danach, hatte ich zu eilig versucht, eins und eins zusammenzuzählen. Ich ging davon aus, dass mein Pendant sehr zurückhaltend sei und ein Kennenlernen mit dem Prädikat „Heirat nicht ausgeschlossen“ anpeile. Umso mehr schrieb ich es Gottes Fügung zu, da unsere Persönlichkeiten ganz schön weit auseinanderdrifteten und ich somit doch von alleine gar nicht auf die Hinschnupperidee gekommen wäre.

Ich war Gott sehr dankbar, dass ich einiges über mich und meine feminine Rolle lernen durfte, ohne auf einer Mann-Frau-Ebene näher in Beziehung zu treten und damit eventuell auch etwas zu zertreten. Das war das erste große Learning: Ohne mich gleich körperlich einzulassen, war die Verletzlichkeit begrenzt. Jeder konnte ohne große Wunden weitergehen. Und ich sparte

Zeit. Aus früherer Sicht hätte ich mich holterdiepolter zum Ausprobieren in eine Liebschaft mit allem Drum und Dran schmeißen wollen. Heute denke ich, dass Sexualität eine Nähe vermitteln kann, die in Wirklichkeit noch nicht vorhanden ist. Da braucht man eine Weile, um wieder klar zu sehen. Und in vielen Fällen sieht man halt erst einige Monate oder gar Jahre später – nach der Verliebtheitsphase –, dass man eigentlich gar nicht zusammenpasst. Nur dann tut's richtig weh.

In manch heißem Meinungsaustausch hat der eine oder die andere das Argument vorgebracht, dass es aber trotzdem Spaß macht, das Holterdiepoltern. Das bestreite ich nicht. Nur ist es meiner Ansicht nach halt ein unmittelbares Sehnsuchtszustopfen, das mich ja dann auch nicht tief gehend erfüllt. Und wenn ich auf Dauer so mit mir und anderen umgehe, dann wird meine Seele Schaden nehmen. Eine Folge könnte sein, dass ich tatsächlich nicht mehr fähig wäre zu lieben, dass ich egoistisch, hart und oberflächlich würde, dass der Wunsch nach selbstsüchtiger Befriedigung auf Kosten meiner Mitmenschen ginge.

Den McDonalds-Vergleich, den ich in einem Buch über einen liebe- und verantwortungsvollen Umgang mit Sexualität gelesen habe, finde ich passend. Wer öfters Fast Food esse, der habe bestimmt schon die Beobachtung gemacht, dass das Sättigungsgefühl nicht lange anhalte. Fast Food schmecke zwar auf eine Art recht gut und es bringe uns höchstwahrscheinlich nicht um, aber es gebe durchaus gesündere und bessere Nahrung.

Um den Gedanken weiterzuspinnen: Ich will es einfach so sehen, dass ein Fünf-Gang-Menü de luxe auf mich wartet. Kurz vor der köstlichen Vorspeise möchte ich auch im Angesicht großen Hungers nicht einen Burger mampfen, der mich der Vorfreude und des Genusses beraubt.

An diesem Beispiel lässt sich übrigens wunderbar aufzeigen, wie ich mir das dann innerhalb einer Beziehung vorstelle, wenn man nichts überstürzt. Es muss doch köstlich sein, jeden Gang für sich zu zelebrieren – nämlich mit dem Wissen, dass das Dessert den krönenden Abschluss bilden wird. Den kleinen Löffel, der auf die himmlische Mousse au Chocolat hindeutet, den kann ich ja während des ganzen Galadinners voller Freude wahrnehmen. Mich turnt es ab, wenn ich daran denke, dass viele sich im übertragenen Sinn nicht einmal an den Tisch setzen wollen und alles – von der Vorspeise über die Suppe, die Hauptgerichte bis hin zum Dessert – auf einmal in sich reinfuttern. An der Stelle sei erwähnt, dass ich bekanntlich aus unliebsamer Erfahrung spreche. Und immer nur Nachspeise zu essen – abgesehen davon, dass das mit der Zeit ziemlich eintönig wird –, davon kann einem ja auch nur schlecht werden!

Man muss sicher anfangs lernen, geduldiger zu sein und den genießerischen Gourmetgaumen zu entfalten. Unterm Strich gewinne ich aber Unbezahlbares für das restliche Miteinander. Ich glaube, dass es sehr wichtig ist, und vielleicht sogar prickelnder, eine romantische und erotische Ebene aufzubauen, ohne dabei gleich intim zu werden. Das wird auch der langfristigen Partnerschaft guttun. Bei so einer Art von Näherkommen liegt der Fokus darauf, verhältnismäßig rasch herauszufinden, ob ein gemeinsames Lebenskonzept denkbar ist. Ich habe nicht vor, über Jahre verlobt zu bleiben, ich denke, da kann man gerade zwischen den Zeilen lesen.

Und ja, ich werde wohl vorher sein bestes Stück nicht unter die Lupe genommen haben. Die Katze im Sack kaufe ich aber dennoch nicht: Keiner kann mir erzählen, dass ich nur durch den Geschlechtsakt an sich ergründen kann, ob die Chemie stimmt, man sich riechen kann und es grundsätzlich körperlich harmoniert.

Packen wir den Stier bei den Hörnern: Für einen Mann ist der Verzicht sicherlich erheblich schwieriger durchzuhalten, und ich weiß, dass Vertreter der männlichen Spezies häufig das Physische als Liebessprache Nummer eins haben. Solche Exemplare fühlen sich über den zärtlichen Kanal besonders geliebt und wertgeschätzt und drücken ihre Zuneigung auch vordergründig so aus.

In diesem Sinne sollten wir Frauen vorsichtig mit vorschnellem Schubladisieren eines sexuell ambitionierten Ehepartners sein. Ein stimmiges Zusammenspiel kann aber wohl nur so gelingen, dass dieser Ehemann ebenso wissentlich auf den primären Liebeskanal seiner Gattin eingeht. In diesem liebevollen Gegenzug würde er dafür sorgen – und das muss doch unser Ziel sein –, dass beide Liebestanks gleichermaßen gefüllt würden. Ein vorübergehendes voreheliches Intimopfer ist aber allemal ein wundervoller Liebesbeweis und eine gute Vertrauensbasis in Sachen Treue. Ich denke, dass sich die meisten Frauen in ihrem tiefsten Inneren wünschen, es wert zu sein, dass sich ein Mann ihnen zuliebe zurückhalten kann. Und ich stelle auch die Behauptung auf, dass die meisten Männer, wenn sie wählen könnten zwischen einer Frau, die auf sie wartet, und einer Frau, die nichts anbrennen lässt, eher mit Ersterer die Zukunft verbringen möchten – auch in tabulosen Zeiten wie diesen.

Ich musste durch einige zerstörerische Praxisbeispiele gehen, bevor ich mich traute, zu meiner freigelegten Sehnsucht und somit zu mir zu stehen. Die Frage war vielmehr, ob ich mich mit der verbitterten Aussage begnügen wollte, dass es so etwas doch sowieso nicht gebe. Wenn wir das alle denken, dann schließen wir es von vornherein aus.

In den letzten Jahren ist mir noch bewusster geworden, dass es sich nie allein um mich dreht, oder darum, gut abzusahnen. Ich finde, wir haben eine Verantwortung, achtsam miteinander umzugehen. Ich wiederhole mich gerne mit meinem Verständnis, dass Gott Sexualität mit Verbindlichkeit innerhalb einer Ehe, sprich in geschütztem Rahmen, gleichgesetzt hat. Und das fühlt sich vor allem nach genauerer Betrachtung angemessen für mich an. Öffnen möchte ich mich einem Mann erst dann in doppeldeutiger Weise, wenn er eben auch bereit ist, Verantwortung zu übernehmen. Die Bibel spricht davon, dass es beim Geschlechtsverkehr zu einer geistigen Vereinigung, zu einer Einswerdung kommt. Wahnsinn, das muss man sich einmal vorstellen, was da auf unsichtbarer

Ebene alles passiert, das ist so mächtig! Ich glaube also, dass Gott dem Liebesakt eine außerordentlich hohe Bedeutung zuschreibt und einfach nicht möchte, dass wir die Sexualität wie ein Wegwerfprodukt verschleudern. Anders gesagt: Prüde bin ich gewiss nicht geworden, aber ich wünsche mir ein gleichmäßiges Wachstum auf geistlicher, emotionaler und körperlicher Ebene.

Nicht alle unsere Wünsche, aber alle seine Verheißungen erfüllt Gott.

DIETRICH BONHOEFFER[9]

Sehr deutlich in puncto Mann hat Gott in einem Sommerurlaub – ungefähr drei Jahre nachdem ich gläubig wurde – gesprochen. Wenn ich sage, dass ich mich aufgrund meiner alles umfassenden Rückzugsperiode männeraufmerksamkeitstechnisch regelrecht ausgehungert fühlte, übertreibe ich nicht. Einen beachtlichen Teil meines jungen Lebens hatte ich mich davon quasi ernährt. Ich befand jedenfalls, dass es an der Zeit sei, meine Scheu dem starken Geschlecht gegenüber abzulegen und mich diesbezüglich im Umgang mit meinem neuen Ich zu üben. Decodiert: höchstens ein klein wenig platonisch flirten. Ich kam mir vor wie ein Teenager. Denn auch in diesem Bereich hatte ich meine Coolness verloren. Das ist von außen betrachtet sicher eine wunderschöne Grundvoraussetzung, aus meiner Sicht war das aber sehr unangenehm. So als ob ich noch nie mit einem Mann geredet hätte. Hinter all dem lag wohl auch meine Urangst, dass ich nicht lieben könne. Und dass ich immer etwas tun müsse, um geliebt zu werden.

Gleich zu Beginn dieser Kluburlaubswoche stach mir ein junger Mann ins Auge. Der Gedanke formte sich in mir, dass er hier der einzig interessante Vertreter der maskulinen Gattung für mich sei. Er schien im Klub als Techniker und, wie ich erfuhr, auch als DJ zu arbeiten. Es war seltsam: Ich sah ihn und wusste, ich würde mit ihm näher zu tun haben. Im Gegensatz zu all den Animateuren, die um uns Singlefrauen herumschwänzelten, hielt er sich jedoch im Hintergrund. Und ich bin schwer der Meinung, dass ich als Frau umworben und erobert werden sollte und nicht umgekehrt. Auf bildlicher Ebene könnte man es auch wie folgt umschreiben: Eine Blume blüht, strahlt und duftet, aber kommt nun mal nicht zur Biene. Im Hinblick auf die zurückhaltende Distanz dieser DJ-Drohne konnte ich mir das mit dem Üben vermutlich gleich aus dem Kopf schlagen.

Später in der Diskothek gab es rund um ebendiesen Mann eine kurze Aufregung. Ehe er die Tanzbar schnellen Schrittes verließ, steuerte er direkt auf mich zu. Auf Englisch sagte er zu mir – als sei es das Normalste auf der Welt –, dass er nun leider wegmüsse, mir aber verspreche, dass er in drei Tagen wieder hier sei. Und weg war er. In der Art, wie er das sagte, lag eine Überzeugung, als habe auch er das Gefühl, dass uns diese Begegnung bestimmt sei.

Die beiden nächsten Badetage vergingen wie im Flug. Nicht aber, ohne dass ich zwischendurch gedanklich abschweifte. Am meisten beschäftigte mich diese übernatürliche Anziehungskraft. Nüchtern betrachtet stellte ich mir meinen Traummann anders vor. Bereits an diesem Punkt kam mir dann wieder mal die Idee, das könne ja nur von Gott sein. Mein untypisches Hingezogensein hielt ich fast schon für einen himmlischen Hinweis auf eine Göttergattentauglichkeit.

Am Dienstag, als ich mich gerade beim allabendlichen Buffet einreihte, hörte ich plötzlich, wie sich jemand hinter mir lautstark räusperte. Ich drehte mich um, und wer stand vor mir? Endlich können wir ihm einen Namen geben: Er stellte sich als Fehmi vor. Ich bejahte, dass wir uns dann „a bit later“ – er musste arbeiten – in der Disco sehen würden.

Als ich den mit heißen Beats erfüllten Partyraum betrat, sah ich ihn gleich an der Bar stehen. Wir kamen rasch ins Gespräch, eigentlich eher ins Gebrüll, so laut war es. Trotzdem schaffte ich es, ihm Folgendes mitzuteilen: Ganz wichtig, ich sei in keinster Weise für Sex zu haben und auch nicht für ein bisschen Knutschen oder so, nur Reden. In den vergangenen Tagen hatte es mehrere Einladungen zu Strandspaziergängen gegeben. Und „Let's go for a walk!" war hierzuklublande wohl das Synonym für: „Let's go and have sex!"

Fehmi lächelte mich an und bat mich, ihm diesbezüglich zu vertrauen. Er erzählte mir, dass er die letzten Tage bei seinem Großvater gewesen sei, der im Sterben liege. Meine Frage, ob es seinem Opa denn besser ginge, beantwortete er kopfschüttelnd. Für ihn zähle nur, dass er ihn gesehen habe und nun hier sei. Die ganze Nacht verbrachten wir füßebaumelnd am Steg und redeten. Fehmi respektierte meine Grenzen, ich fühlte mich wohl und als Ganzes angenommen, konnte einfach nur ich selbst sein. So traurig das ist, aber das war in Bezug auf die Herren der Schöpfung neu für mich. Die lange Männerauszeit hatte sich wirklich bezahlt gemacht. Und es war unglaublich: Auch über Gott konnten wir sprechen!

Irgendwann wurde mir kalt. Vorsichtig kam das Angebot, mich zu wärmen. Nur zu wärmen. In mir vollzog sich ein kleiner Kampf, mit dem Ergebnis, dass ich meiner Sehnsucht nachgab, nach Jahren einmal wieder gehalten zu werden. Keinesfalls wollte ich riskieren, dass diese Geste zu mehr einladen könnte. Behutsam legte er einen Arm um mich, so saßen wir sehr lange angenehm schweigend da. Begleitet vom sanften Meeresrauschen beschwichtigte ich mich, dass das okay sei, mich ein bisschen einzulassen, weil ich ohnehin bald auf Nimmerwiedersehen nach Hause fliegen würde. Ich konnte mich erstaunlich gut spüren; so, wie er mich ansah, fühlte ich mich einfach so … so, als sei ich die schönste Frau auf Erden. Bei Sonnenaufgang ermahnte ich mich zum Aufbruch. Wir verabschiedeten uns, und er machte eine Andeutung, dass er am Vortag tatsächlich nur meinetwegen zurückgeflogen sei.

Schlafen konnte ich jetzt nicht, in mir war alles total durcheinander. Ich ortete ein Schuldgefühl. Aufgrund meines bisher Erlebten fand ich es fast lächerlich – aber in mir machte sich die Ahnung breit, dass die Nähe dieser innig-vereinten Umarmung nicht zu einer einzigen Nacht passte. Wohin sollte das führen? Ich musste unbedingt mit ihm reden, nicht, dass er da irgendwas falsch verstand!

Möglichst schonend versuchte ich ihm etwas später beizubringen, dass wir für meine Begriffe doch zu weit gegangen seien und dass mir das rückblickend leidtue. Mehr brauchte ich nicht zu sagen. Mit verständnislosen Augen sah er mich an und fragte, ob ich denn keine „special feelings" für ihn habe. Ich wusste, dass nun Nägel mit Köpfen an der Reihe waren. Bevor ich meinen Mund aufmachen konnte, ersuchte er mich entschlossen darum, dass ich ihm abends mitteilen solle, ob ich in Wien auf ihn warten würde. Bitte was? Innerlich zittrig wollte ich nun nicht mehr um den heißen Brei herumreden und wiederholte ein paarmal: „I am so sorry. You misunderstood me. I am only open for friendship." Er sagte nur: „Okay, Katharina. I have to work now."[10] Kein „Okay, ich rede nie mehr mit dir" oder „Okay, Freundschaft ist auch super". Einfach nur „okay".

Erst um halb drei in der Früh ergab sich ein offenkundig letztes Gespräch zu zweit. Fehmi verriet mir, dass er sich danach gesehnt hatte, sich mit jemandem in der Intensität über Gott auszutauschen, wie wir es taten. Auf den ersten Blick schien es, als sprächen wir vom Gleichen. Das Gefühl der Verbundenheit ließ die Tür zu meinem Herzen doch einige Zentimeter aufgehen. Als ich ihm von meiner Freundschaft mit Jesus, von dieser Vertrautheit erzählte, musste ich jedoch den Tatsachen ins Auge schauen: Wir befanden uns in der Türkei, und er ist selbstverständlich Moslem. Bei genauerem Nachfragen stellte sich heraus, dass es sich für ihn beim Glauben eher um ein Gesetz, um zu befolgende Regeln handle. Und dass er als Moslem natürlich keine Verbindung zu Jesus habe. Mein großes Bedürfnis, gerade diesen für mich wichtigsten Lebensbereich mit einem Mann zu teilen, war in dem Moment sehr spürbar.

Den Abschied wollte ich nicht unnötig hinauszögern. Es war einleuchtend für mich, Gott hatte wohl unsere Begegnung geplant, damit ich von ihm erzählen konnte. Dass er sich auch eine persönliche Beziehung zu Fehmi wünsche, waren meine letzten Worte vor der Abreise. Mitnichten wollte ich in die Verlegenheit kommen, über ein Wiedersehen in der Zukunft zu sprechen, denn für eine Just-Friends-Ebene war es zu spät.

Wenn wir mit unserer Weisheit am Ende sind, dann stehen wir nicht in einer Sackgasse. Wir sind an einer Kreuzung.

PAM VREDEVELT[11]

Wieder in Wien zu Hause angekommen, entschied ich mich, fürs Erste schreiben zu gehen. Alles mit Gott zu besprechen, was in mir vorging, und das war echt nicht wenig. Fehmi hatte mir eindeutig geholfen, die fest verschlossene Tür meines Herzens zumindest aufzusperren. Mein kleines Herzchen pochte wie wild auf Freilassung! Doch eine Stimme in mir war unüberhörbar: „Es geht nicht um ihn als Person!"

Als ich den Computer aufdrehte und meine Mails checkte, las ich mit weit aufgerissenen Augen, dass Fehmi fast keine Luft mehr bekomme, weil ich in seinem Kopf herumschwirre. Dass er mit mir in einer Nacht die Ewigkeit erlebt habe und dass er mich hören und sehen müsse. Damit hatte ich nicht gerechnet! Jetzt war zweifelsohne Alarmstufe Rot angesagt! Genau so eine Situation hatte ich ja vermeiden wollen. Ich schrieb ihm, dass ich ihn wirklich mag, dass es für mich auch etwas Besonderes war, und entschuldigte mich, falls ich ihn verletze, dass ich aber nach wie vor nur für Freundschaft offen sei. Ob ich ihn nie mehr sehen wollte, da war ich mir gar nicht sicher, ich fühlte mich hundeelend.

Auf seine Antwort musste ich nicht lange warten: Wenn er ich wäre, so hätte er sich nicht von jemandem halten lassen, hätte er keine „special feelings“ für diese Person. Autsch, das saß. Das traf exakt meinen wunden Punkt. Er hatte genau das ausgesprochen, was ich mir längst selbst vorwarf. Es überraschte mich allerdings über die Maßen, genau das von einem Mann gespiegelt zu bekommen.

Da in mir ein solches Gefühlschaos herrschte, willigte ich nach langem Mailabtausch ein, dass ich uns wohl die Gelegenheit geben müsse, einander besser kennenzulernen. Mit dem Attribut, dass wir schauen würden, wo Gott uns hinführt. In mir keimte Hoffnung auf: Gott wisse wohl bereits, dass Fehmi sich demnächst entschließen würde, ihn wahrhaftig persönlich in sein Leben zu integrieren. Und ich würde mich so lange einfach nicht in eine Verbindlichkeit begeben. Ha, perfekter Plan, das musste es sein! Denn eine Beziehung oder gar Ehe mit einem Mann, der Gott nicht kennt? Das war für mich immer noch keine Option. Es ist mir als Nähemensch unvorstellbar, dass der mir naheste Mensch nicht nachvollziehen kann, was es heißt, direkt mit Gott zu sprechen.

So weit, so gut, irgendwie mussten wir verbleiben. Nach zweieinhalb teuren Gesprächsstunden kamen wir überein, dass wir die Realität überprüfen würden. In Wahrheit hatten wir in Summe ja nur Stunden miteinander verbracht. In knapp zwei Wochen hatte ich erneut Urlaub, der noch nicht verplant war. Es lag auf der Hand, oder? Ich willigte ein, nochmals in die Türkei zu fliegen. Die Einladung zur Hochzeit seiner Schwester war mir dann aber doch zu viel. Keine Familie! Ehrlich gesagt hatte ich zudem Bammel, dass ich ankommen und feststellen würde, dass sich da etwas in mir ein klein wenig aufgebauscht hatte.

Die Bedingungen hatten sich jedenfalls nicht geändert: Kennenlernen „without touching“. Sorge, ihm nicht vertrauen zu können, hatte ich nicht. Nur in ständiger Begleitung von Gott würde ich reisen, nur mit seinem Frieden in mir, da machte ich mir überhaupt keinen Kopf.

Wie aufregend! Ein richtiges Abenteuer! Doch mein Schweben auf Wolke sieben wurde jäh unterbrochen: „Ruf Marianne an!" Wieso? „Ruf Marianne an!" Dieser plötzliche Gedanke war klar und präzise, und mit ihm breitete sich eine geläufige Unruhe in mir aus. Eine Unruhe, die ich aus Situationen kannte, in denen ich im Begriff war, einen Fehler zu begehen. Das konnte nicht sein Ernst sein! Warum sollte mir Gott denn akkurat jetzt ein Nein signalisieren? Ruhig Blut, hören wir einmal, was Marianne dazu sagen wird …

Leider nichts Gutes. Dass manch einer nicht positiv auf meinen Entschluss reagieren könnte, war zu erwarten gewesen. Aber das? Marianne hatte zu hundert Prozent ein schlechtes Gefühl dabei. Sie kam mit Argumenten und Erfahrungsberichten und, und, und. Warum wurde meine leise, ungute, doch fast gar nicht vorhandene Vorahnung, warum nur wurde die ohne Möglichkeit zu kreativer Interpretation bestätigt?

Ich war wütend. Dass ich nun nicht mehr in aller Seelenruhe in die türkische Republik fliegen konnte, war mir unbequem transparent. Ich wusste genau, dass Gott mir ziemlich deutlich machte, dass das nicht sein Plan sei. Aber um Himmels willen, wie sollte ich aus der Nummer rauskommen? Fehmi war schon dabei, sich freizunehmen und alles zu organisieren. Ungeachtet dessen würde er mich als völlig irre einstufen. Doch das Allerschlimmste war für mich, dass ich es eigentlich nicht verstehen konnte beziehungsweise auch wieder einmal gar nicht wollte.

In dieser Nacht wälzte ich mich schlaflos von einer Bettseite zur anderen. Wenn gar nichts mehr geht, dann hilft Schreiben. Ich schmiss Gott meine Verzweiflung und meinen Trotz und meinen Prinzipienhass hin. Und nach einiger Zeit des Schmollens flehte ich ihn an, mir aus diesem Schlamassel rauszuhelfen. Im Bruchteil einer Sekunde wurde es in mir mucksmäuschenstill und ganz friedlich. „Entscheidest du dich für mich oder gegen mich, vertraust du mir oder wählst du einen anderen Weg?“, lautete die Frage. Sämtliche Lebensgeister kehrten in diesem Moment zurück. Ich hatte keinen Zweifel an meiner Antwort: Ich entschied mich für Gott, der mich liebevoll, aber bestimmt zurückhielt.

Binnen weniger Augenblicke war die Befürchtung, nur aus einem leeren Prinzip heraus zu handeln, wie weggeblasen. Wenngleich es genug war, dass Gott das ultimative Wissen hat, was mir guttut und was nicht – er skizzierte in mir, was wohl passiert wäre: Fehmi und ich hätten nie die Beziehung mit Gott teilen können. Das ist für mich aber die Basis, um jemandem wirklich mein Herz anvertrauen zu können. Und hätte ich mich weiter auf ihn eingelassen, wann genau wäre der optimale Zeitpunkt gekommen, um es doch zu beenden? An die Verletzungen möchte ich gar nicht denken. Abgesehen davon erinnerte mich Gott daran, dass ich doch nicht aus Ungeduld den Mann, den er für mich im Auge habe, verpassen wolle!

Mit dieser Überzeugung in mir wusste ich aber dennoch nicht, wie genau ich das Fehmi beibringen sollte. Ich bat Gott um seine Worte, setzte mich an den Laptop und schrieb in einem durch, all das, was Gott Fehmi scheinbar noch mitteilen wollte. Langsam glaubte ich Gottes genialen Plan zu durchschauen: Nach all diesen Turbulenzen hatte er Fehmis Aufmerksamkeit. Denn Fehmi würde wissen, dass diese Worte nicht aus mir herauskamen, ich wäre ja lieber zu ihm geflogen. Als ob Gott mir Silbe für Silbe diktierte, sausten meine Finger über die Tastatur.

Fehmis Reaktion war unglaublich. Anstatt auszurasten schickte er eine SMS, in der er sich für diese Zeilen bedankte und sagte, dass er sich geehrt fühle. Dass er gerne noch mehr über meine Verbindung mit Gott erfahren würde. Wow!

Natürlich folgten einige Mails, in denen er sein Unverständnis darüber ausdrückte, dass Gott nicht wolle, dass wir eine Chance hätten. Irgendwann drehten wir uns nur noch im Kreis, und ich brach den Kontakt ab. Das endgültige Lebewohl fand ich trotz allem traurig. Es war ja irgendwie auch ein Abschied auf Unbestimmt von der kurz aufgeflackerten Aussicht auf eine Partnerschaft. Und nicht zu vergessen: ein Abschied von dem wunderschönen Umworbenwerden.

Doch das i-Tüpfelchen hob Gott bis zum Schluss auf. Er hatte die Begegnung mit Fehmi mutmaßlich nicht nur dafür vorgesehen, mir unbewusst zu helfen, mich als Frau wieder spüren zu können, sondern auch, um noch etwas ganz Tiefliegendes zu heilen: Um Fehmis Zuwendung musste ich nicht ein einziges Mal kämpfen. Egal, was ich gemacht oder gesagt hatte, er gab mir immer das Gefühl, da zu sein und zu bleiben.

Zum krönenden Abschluss simste er mir sogar noch dieses Präsent:

I have fallen in love with you and I am not sorry for that … For a long, long time you will have a special place in my heart. God bless you.[12]

Meine Sache ist es, an Gott zu denken; Gottes Sache ist es, an mich zu denken.

Simone Weil

Ich bin so dankbar, dass es bis dato noch mit keinem der mir vorstelligen Anwärter etwas geworden ist. Haben sich doch meine Must-haves stark verändert und konkretisiert. Es kann nicht schaden, bevor man einem potenziellen Partner begegnet, für sich herausgefunden zu haben, was man unbedingt braucht, um glücklich zu sein. Bei mir sind es drei absolut wesentliche Punkte, bei denen ich in weiser Voraussicht keine Abstriche machen darf, wenn ich nicht den Rest meines Lebens unglücklich sein will. Mit meiner kleinen Liste tue ich mich dann hoffentlich leichter, mich im Taumel der ersten großen Schmetterlingswelle nicht selbst zu betrügen und wie ein Blatt im Winde zu drehen. Klar, ich muss Kompromisse schließen, diese möchte ich aber nur im Bereich der Nice-to-haves ansiedeln.

Ungefähr eineinhalb Jahre nach dem einprägsamen Fehmi-Erlebnis gab es die sehr lehrreiche Ferdinandphase. Nachdem er an meine Haustür klopfte, bahnte sich ein nachbarschaftliches Kennenlernen an. Es entwickelten sich intensive Gespräche über Gott und zwei darauffolgende Wochen des Mich-behutsam-Hofierens. Balsam auf meiner gesundenden Seele. Ich hielt ihn emotional möglichst auf Abstand und konzentrierte alles auf mein Lieblingsthema. Zwar freute ich mich über seine göttliche Wissbegierde, wusste aber um mein Ober-Must-have. Trotzdem ärgerte mich sein Vorwurf des von mir selbst so verabscheuten Prinzipienreitens.

Deshalb begann ich mich schon bald zu fragen, ob ich mich nicht – weil's recht verführerisch war – gefühlsmäßig einfach eine Winzigkeit gehen lassen sollte. Zeit zum Grübeln hatte ich genug, lag ich doch einige Tage krank im Bett, obwohl ich mir die Skiwoche mit meinen Freundinnen sicher anders vorgestellt hatte. Die Verabschiedung von Ferdinand war insgeheim nur schweren Herzens erfolgt, aber so wurde das Tempo aus der Geschichte auf natürliche Weise rausgenommen, denn unsere Kommunikation musste sich aufs Handy beschränken. Hüstelnd und naseschnäuzend betete ich, dass ich alles Weitere in Gottes Hände legen würde. Auch auf Führung, wie ich darauf reagieren solle, dass Ferdinand gerne ein Wochenende mit mir verreisen würde, wollte ich warten.

Bei meiner Rückkehr beschloss ich großmütig, dem nachbarschaftlichen Terrain gegenüber nicht mehr derlei streng zu sein. Ich fand es eigentlich ganz schön zu erleben, dass ich mich öffnete. Es war ja das echte Gegenüber, durch das Gott mir meine grundsätzliche Gefühlsbereitschaft weiter begreifbar machen konnte. Das war eine freudige Entdeckung, dass der Zugang zu meinen Emotionen endlich freigelegt war! In Ferdinand hatte ich das nötige „Du“, durch das gewisse Dinge erst aus- und später auch aufgelöst werden konnten. Zum Beispiel die mir allzu gut bekannte Fantasie, wie es hätte sein können, was aber mit der Sachlage nichts gemein hatte. Manchmal tritt ein Mensch halt nicht nur als möglicher Liebespartner in ein Leben, sondern erfüllt schlicht eine (dafür oft nachhaltigere) Beziehungsmusteraufhebungsfunktion.

Als ich Gott das Ruder übergab, hatte ich mir viel ausgemalt, aber im Traum nicht das, was dann passierte. Eine Auseinandersetzung mit seiner Ex gepaart mit einem Familienschicksalsschlag ergab bei Ferdinand ein derartiges Durcheinander, dass er nicht mehr wusste, wo oben und unten war. Obgleich wir so nahe wohnten, beließen wir es dabei und haben uns seit dem Tag nur mehr zufällig getroffen.

However, die Frage bleibt dieselbe: Ob ich es schaffe, Gott zu vertrauen. Oder ob ich es lieber selbst in die Hand nehme und mich sozusagen mit Fast-Food-Liebhabern begnüge. Nun ja, es wurde natürlich immer schwieriger, je mehr Jahre ins Land zogen.

Die zwei sind dann eins, mit Leib und Seele.

Paulus, Epheser 5,31 (GN)

Besonders schön hätte ich es gefunden, auch mit dem Küssen zu warten, aber nach über fünf abstinenten Jahren hatte ich es ganz einfach nicht mehr ausgehalten. Mein Bedürfnis nach Nähe wuchs und wuchs und wuchs.

Es war an einem äußerst sehnsuchtsvollen Abend mitten in einer tiefsinnigen Unterhaltung darüber, was Gott in meinem Alltag tut, als Thomas sich mir offenbarte und seine Gedanken, Gefühle, seinen aktuellen Kummer mit mir teilte. Und dann war da dieser

Magic Moment, wo sich unsere Hände berührten und er mich daraufhin erst zärtlich und dann leidenschaftlich küsste. Ganz ehrlich, am liebsten hätte ich nie wieder zu küssen aufgehört, so sehr hatte ich es vermisst! Und es traf mich nach ein paar edlen Tropfen Rotwein völlig unerwartet. Dass daraus eine Beziehung entstehen könnte, stand nicht zur Debatte. Aber der körperliche Kontakt löste bei mir trotzdem einiges aus, und meine Hormone brauchten ihre Zeit, bis sie sich beruhigten. Der Mann war Gott sei Dank nicht in geografischer Reichweite, sonst wäre ich wohl ziemlich sicher gefährdet gewesen, Hals über Kopf in einer Geschichte zu landen, weil ich es eben eines Abends nicht mehr abwarten konnte. Und nicht, weil ich mich in einen Mann verliebt hatte, mit dem ich mir vorstellen konnte, mein Leben zu verbringen.

Nichtsdestotrotz blieb das nicht das einzige Kusserlebnis der letzten Jahre: Ich ließ mich – und das klingt genauso banal, wie es leider auch war – um des Küssens willen küssen. Von vorneherein war es auch diesmal selbstredend, dass es sich um etwas Einmaliges handelte. Diesem Mann fühlte ich mich aber weder seelisch verbunden, noch erzählte ich ihm viel von mir. Ich gab mehr oder weniger zwischen Meeresrauschen, Beachparty, Mojitos, Liebesliedern und vielen Komplimenten nach. Im Anschluss fühlte ich mich zwar nicht gerade überglücklich, aber in dieser Nacht wäre ich sonst vor lauter Frust eingegangen. Frust darüber, dass in meinem doch schon fortgeschrittenen Alter weit und breit kein potenzieller Lebensmensch in Sicht war.

Was ich mir wünsche, ist nun einmal eine langfristige Partnerschaft, eine gemeinsame Zukunft. Ich kann nur nochmals festhalten, dass es nicht leichter wird, je länger ich als Single meinen Weg gehe. Es wohnen sozusagen zwei Seelen in meiner Brust. Denn es gibt auch jene Zeiten, wo ich Gottes Gegenwart so intensiv spüren kann und reinen Herzens zu ihm sage, dass er mir sogar definitiv genug wäre.

In Sachen Liebessprachen verhält es sich bei Gott übrigens so, dass er sie alle perfekt spricht. Er wählt immer den Kanal, den wir bevorzugen: Gott spart nicht mit Ermutigungen und Geschenken, um mir die Junggesellinnenjahre zu versüßen. Die sehnsuchtserfüllten Augenblicke häufen sich jedoch, was wiederum meinen Glauben und mein Vertrauen Gott gegenüber herausfordert. Andererseits gehe ich davon aus, dass Gott uns ja generell nicht zum Alleinsein geschaffen hat. Er liebt mich und hat genau diese Sehnsucht nach einer menschlichen Verbindung in mich hineingelegt. Was ich jedenfalls weiß, ist, dass ich mich sowieso niemals mit einer Notlösung zufriedengeben würde, ich hasse lauwarme Kompromisse. Eines kann ich mit gutem Gewissen sagen: Wenn ich auch zwischenzeitlich verzweifelt zu Gott schrie, so hätte ich mir selbst noch keinen Mann geschickt, bevor ich nicht in der Gegenwart angekommen wäre. Irgendwo da draußen läuft er herum, und ich bete, dass ich das Durchhaltevermögen aufbringe, auf ihn zu warten, und dass es bitte, bitte, bitte nicht mehr lange dauert …

Vergangenheitsgeister, also sämtliche Verflossene, möchte ich nicht mit in die Beziehung bringen. Ich sage es ungern, aber diese Geisterschlange würde ob meiner wilden jugendlichen Tage doch recht lang. Von all dem befreit möchte ich einem Mann gegenübertreten. Was habe ich also gemacht? Jede einzelne Männergeschichte meines Lebens habe ich Gott hingelegt. Wo es nötig war, habe ich anderen, in jedem spezifischen Fall mir selbst vergeben und Gottes Vergebung in Anspruch genommen. Um den Schatten endgültig loszuwerden, erbat ich für alle Beteiligten Gottes Segen und verabschiedete sie dann bewusst. Zur Untermauerung verbrannte ich in einem Feuerritual jedes auch noch so kleine Liebesbriefschnitzelchen, das ich über die Jahre aufgehoben und zu Recherchezwecken hervorgekramt hatte. Das war eine Wohltat!

Unser Kopf ist rund, damit das Denken die Richtung wechseln kann.

Francis Picabia[13]

Vielleicht muss man erst einmal die Orientierung verlieren, um klarzusehen. Unterschiedliche Blickwinkel einnehmen. Eines vogelzwitschernden Tages traf mich in diesem Sinne eine ganz harmlose Frage bis ins Mark: Glaubst du das alles wirklich, wirklich, wirklich? So simpel die Frage, so simpel müsste doch die Antwort sein, oder? Von wegen.

Zu dem Zeitpunkt befand ich mich auf einer meiner frühen Schreibreisen und fühlte mich urplötzlich mutterseelenallein. Regelrecht schwummrig wurde mir, als ich mit einem nüchternen Röntgenblick das bisher Geschriebene nachlas. Was machte ich da überhaupt? Mit einem Mal schien alles sinnlos, das Buchprojekt begrabungswürdig. Ohne Gott hatte alles an Bedeutung verloren, war lachhaft. Existenzbedrohend schwebte die Behauptung in mein Sichtfeld, dass ich nicht mit hundertprozentiger Wahrscheinlichkeit ausschließen könne, dass es Gott nicht gibt. Hilfe, tat das weh! Wenn es die Vernunft mit Gottvertrauen zu tun bekommt, wird es schwierig. Was ist, wenn meine Wirklichkeit gar nicht wirklich ist? Was ist überhaupt Wirklichkeit, was ist Wahrheit? Gibt es subjektive Wahrheit?

Als ersten Beruhigungsversuch googelte ich den Begriff „Wahrheit" und registrierte, dass die Hypothese in sich zusammenfällt, wenn es paradoxerweise heißt: Es ist die Wahrheit, dass es keine Wahrheit gibt. Logisch, musste ich mich also nur mehr fragen, was denn nun wahr sei, wo doch viele Menschen gewissermaßen einen Anspruch darauf stellen.

Erklärungstheorien halfen mir nicht weiter in meiner grundfesten Erschütterung. Blieb für den Moment nur mal das Ablenkungskonzept und ein lustloses Gebet um ein Zeichen – im positiven Falle des Falles. Am Badeteich angekommen, gönnte ich mir zuallererst eine gehörige Portion Koffein. Am Nachbartisch unterhielten sich Jugendliche über ein Bibelzitat. Seltsam.

Etwas später, sonnenanbetend im Liegestuhl, gesellte sich jemand mit seinem grellbunten Handtuch in meine Nähe. Bald schon versuchte er Kontakt aufzunehmen, und da ich auf höchste Ablenkungsbereitschaft programmiert war, ließ ich mich auf ein Gespräch ein. Und wohin führte das alsbald? Dieser Mann wollte doch glatt wissen, was es wäre, wenn ich ihm eine einzige Sache mit auf den Lebensweg geben könne!

Überforderung pur. Allerdings lauschte ich kurz darauf selbst gespannt meinen Worten, dass es wohl das Wichtigste sei, sich rechtzeitig mit der Sinnsuche und der damit einhergehenden Frage nach Gott zu beschäftigen. So ein Leben könne ja mit einem Wimpernschlag zu Ende sein, ohne dass man das ewig auf irgendwann Verschobene für sich beleuchtet hätte. Das zumindest war immer noch meine tiefste Überzeugung, gut zu wissen.

Laut dachte ich über unser Dasein nach, das ich an sich sowieso verrückt fände. Die Tatsache, dass es überhaupt ein Universum gibt, dass es Lebewesen gibt – noch ganz ungeachtet der Sinnfrage … Ich philosophierte weiter: „Das, was uns bekannt ist, das, was wir sehen können, wird zu unserer Realität, aber das heißt ja noch lange nicht, dass es keine anderen Dimensionen gibt. Das ist doch wie ein Blatt Papier: Wenn du es waagrecht in Augenhöhe hältst, dann kannst du eine Kante von nicht einmal einem Millimeter sehen, also ziemlich dürftig. Aus einem anderen, dem senkrechten Blickwinkel, offenbart sich dir aber bei Betrachtung der gleichen Sache eine enorme Fläche.“

Im Gegenzug bekam ich folgendes Konstrukt erläutert: In den Augen dieses – wie ich erfuhr – Schamanengelehrten sei das Leben wie eine Zwiebel, die man Schicht für Schicht auseinandernimmt, um dann draufzukommen, dass nichts drinnen ist. Hoppla, das war aber eine triste Sicht auf die Dinge. „Nein“, dachte ich laut weiter, „auf Sinnhaftigkeit deutet dieses Leben ganz gewiss hin. Ich denke, es geht bestimmt um mehr als darum, möglichst viel Spaß zu haben und möglichst wenig Leid zu erfahren.“ Irgendwie traf etwas von dem, was er mir erwiderte, einen Schalter, und ich spulte der Reihe nach die angesammelten Argumente einer Bilderbuch-Christin ab. Das fromme Mitteilen der aktuell für mich selbst fraglich erscheinenden Glaubensfakten löste einen wahrlichen Unruhesturm in mir aus.

Kurswechsel. Die inneren Wogen glätteten sich, als ich mich darauf beschränkte, nur das zu erzählen, was ich am eigenen Leib erfahren hatte. Markus, der eigentlich sehr offen war, rundete die angeregte Unterhaltung mit folgenden zwei Schlussfragen ab: „War es das wert? Bist du glücklicher?“ Meine Miene erhellte sich, denn ich konnte beides laut und deutlich mit „JA“ beantworten. Im Unterschied dazu vermochte er das ehrlicherweise für sich nicht.

Nachdenklich lehnte ich mich nochmals, den Sonnenuntergang genießend, in meinen klapprigen Badesee-Sessel zurück und betrachtete mit ganz neuen Augen die atemberaubende Bergkulisse. Sollte das alles tatsächlich ein Urknallzufall sein? Nein, das musste sich jemand ausgedacht haben! Im sanften Wind schaukelte vor meiner Nase ein blühender Baumzweig. Wie unglaublich es doch ist, dass nach jedem Winter aus dem Nichts Knospen zum Leben erwachen, bis sie sich in den herrlichsten Herbstfarben wieder verabschieden! Geschweige denn das wohl größte Wunder, wenn Babys geboren werden!

Der Schock saß mir dennoch lange in den Knochen, monatelang blieb ein schaler Beigeschmack. Während ich das niederschreibe, erinnere ich mich an den Rat einer Freundin, den sie mir einmal hinsichtlich Angstüberwindung gegeben hat. Er hätte mir damals aber in Sachen Zweifel eventuell auch geholfen: Schicke die Angst nicht fort, lade sie ein, neben dir Platz zu nehmen, und sie wird ihre Macht verlieren. Tja, das mit dem Ignorieren funktionierte in der Tat nicht, ich musste mich stellen.

Ich möchte ganz ehrlich sein: Vor dieser schwierigen Etappe habe ich gedacht, dass ich es unterm Strich nicht mit Glauben, sondern allein mit Wissen zu tun habe. Nämlich, dass ich ja weiß, dass ich weiß, dass ich weiß, dass Jesus auferstanden ist, weil ich jeden Tag mit ihm spreche, weil er mein Freund ist, mein engster Vertrauter. Das Erschreckende ist, dass Gottes Gegenspieler der Meister der Täuschung ist und mir mit seinen Lügen nicht erst einmal diese innere Gewissheit ausgeredet, wegargumentiert hat. Schlagartig war ich mir dann nicht mehr so sicher, ob es für das göttliche Handeln, das ich doch eindeutig erlebt hatte und ganz genau zuordnen konnte, nicht auch irgendeine andere Erklärung geben könnte.

Je länger ich aber meinen Weg mit Gott gehe, desto mehr solch überirdischer Erlebnisse und Begegnungen mit ihm sammle ich und desto weniger Raum haben Zweifel. Am schönsten sind die Momente, wo ich spüre, dass ich in meiner Bestimmung bin, das fühlt sich vollkommen an. Was sich dabei echt bewährt, ist mein „Wunderbuch". Jedes Mal, wenn ich etwas Übernatürliches erlebe, mache ich mir darin eine Notiz. Das Zurückerinnern, was Gott schon alles für mich getan oder zu mir gesagt hat, rettet mich vor schwarzen Tagen.

Was bedeutet es nun, an Christus zu glauben, Freude oder Traurigkeit, Stärke oder Schwachheit, Gewinn oder Verlust, Glücklichsein oder Leiden, Frieden oder Kampf? Beides – und das Erste mitten im Zweiten.

Hans Joachim Eckstein[14]

In Schwierigkeiten, mitten in großen Herausforderungen, da habe ich mich meist regelrecht an Gott geklammert. Nehmen wir zum Beispiel die ersten Monate, nachdem ich beruflich befördert worden war. An einem stinknormalen Arbeitstag wurden wir zu unserer Vorgesetzten ins Büro gerufen. Sie verkündete, dass sie schwanger sei und nun ein Teammitglied die Chance einer leitenden Position ergreifen könne – bis zu ihrer Rückkehr sogar direkt unter dem Bereichschef. Huch, damit hatte keiner gerechnet! Exakt bis zum darauffolgenden Tag sollten wir unsere Teilnahme an einer Wettbewerbspräsentation überdenken. Meine Gedanken überschlugen sich, gerade noch hatte ich das Gefühl gehabt, dass zur Abwechslung ein wenig Entspannung in mein tägliches Leben einkehren könne. Meinen Job hatte ich inzwischen erfolgreich in den Griff bekommen. Die letzten knapp vier Jahre hatte ich Konzepte und Strukturen entwickelt, die langsam aufzugehen schienen. Die Projekte waren so organisiert, dass sie keinen Stressfaktor mehr für mich darstellten, aber Weiterentwicklung möglich war. Gegen eine Durchschnaufpause hätte ich also wirklich nichts einzuwenden gehabt. Endlich mehr Raum für Hobbys, fürs Schreiben und um mich auf mein Privatleben zu konzentrieren.

Falsch gedacht, diese Rechnung hatte ich ohne den Wirt gemacht. Denn die Konfrontation mit der aus meiner Sicht bereits abgehakten Führungsthematik warf mich ganz schön aus dem Gleichgewicht. Ein, zwei Jahre zuvor hatte ich den Beschluss gefasst, keine Managementkarriere anzustreben. Das, was ein erfülltes Leben ausmacht, spielte sich aus meiner neu gewonnenen Blickrichtung definitiv nicht rund um einen Chefsessel ab. Die bevorstehende Entscheidung löste dann doch großen Aufruhr in mir aus. Nach der Arbeit zückte ich also mein Büchlein und brachte zuallererst sämtliche meiner Gefühlszustände zu Papier. Ich spürte, dass ich ohne vorheriges Leerwerden Gottes Stimme nicht würde hören können. Es meldeten sich neben Grundsatzfragen zur Work-Life-Balance vor allem Angst und Unsicherheit, ob ich einer derartigen Aufgabe überhaupt gewachsen sei.

Andererseits kristallisierte sich der Gedanke immer mehr heraus, dass der nächste Schritt in meiner Persönlichkeitsentwicklung anstand. Ja, okay, besonders in letzter Zeit hatte ich verstärkt um möglichst raschen Fortschritt in Sachen Angstbefreiung gebeten, aber so hatte ich das nicht gemeint! Meine Bitte ging eher dahin, dass Gott ganz einfach meine sorgenvollen, verunsicherten Anteile wegnehmen solle. Dass er vor allem die nach wie vor bestehende Redehemmung in Bezug auf Großgruppen gegen eine auch sonst meinem kommunikativen Wesen entsprechende Präsentationsfreude eintauschen möge.

Zur Ansprache bei meiner Taufe, angstbegründet erst drei Jahre nachdem ich gläubig geworden war, konnte ich Gottes helfende Gegenwart wahrnehmen: Eine himmlische Ruhe kehrte in mir ein. Das biblische Versprechen aus dem Philipperbrief, „Ich vermag alles durch Christus, der mich stark macht"[15], hatte mich durch diesen großen Tag getragen. Ebenso wie mich meine Mädels schon lange davor mit Gebet unterstützten. Leider waren die Sorgen aber danach nicht gegessen; vor Präsentationen im Dunstkreis der Arbeit machte ich einen möglichst großen unauffälligen Bogen.

Mit Einnahme dieser leitenden Funktion wäre es selbstredend, dass ich auch eine repräsentative Rolle bekleiden würde. Alleine diese Tatsache schien mir den Weg zu versperren. Wie wäre zudem die Reaktion der übrigen Teammitglieder? Keine leichte Ausgangsbasis, jemand von uns würde ja vom Arbeitskollegen zum neuen Vorgesetzten mutieren. Und trotz alledem, etwas in mir hatte Feuer gefangen.

In kürzester Zeit hatte ich bestimmt zehn Seiten mit meinen Fragen an Gott und den darauffolgenden gedanklichen Antwortimpulsen gefüllt. Genau diese eine Stunde hatte es gebraucht, bis ich zwar keine Ahnung hatte, ob ich den Anforderungen jemals würde gerecht werden können, aber trotzdem wusste, dass ich nicht daran vorbeikam, am nächsten Tag meine grundsätzliche Bereitschaft zu Protokoll zu geben.

Es wurde dann noch ein langer und intensiver Freundinnenabend, wo wir bezüglich weiterer Vorgehensweise und meiner Must-haves beratschlagten. Auch im Arbeitsumfeld halte ich es aus heutiger Sicht für ratsam, sich darüber im Klaren zu sein und dazu zu stehen, was man unbedingt braucht, um in einem gesunden Gleichgewicht zu bleiben. Um jeden Preis kämpfen wollte ich auf keinen Fall, auch wenn ich schön langsam mit den Vorzügen des Postens zu liebäugeln begann. Abgesehen von meinen Vorbehalten war ich mir bewusst, dass ich durchaus Fähigkeiten besitze, die zu solch einer Rolle passen könnten. Und die Coaching-Ausbildung hatte das ihre sicher auch dazu beigetragen.

Am frühen Morgen brachte ich der Chefetage als Voraussetzung meine ehrliche Vorstellung von Ausgewogenheit auf allen Ebenen zum Ausdruck: Ich positionierte mich als Verfechterin der Work-Live-Balance und bestand entgegen der kommunizierten Ausgangslage auf einer finanziellen Verbesserung als Startbonus. Ab da musste ich mich zwingen, meine Aufmerksamkeit nur auf den jeweils nächsten kleinen Schritt zu richten. Der erste Schritt war die Vorbereitung der Präsentation meines Konzepts. Dem Teamprozess und künftigen Abläufen selbst Gestalt zu geben, empfand ich als sehr reizvoll; das Tüfteln an der Struktur gefiel mir.

Dann kam die Stunde der Wahrheit: Nacheinander wurden wir zur Erläuterung unserer Ideen aufgerufen. Trotz Bammel war meine Erwartungshaltung gestiegen, Versagensangst hatte sich eingeschlichen. Es zeichnete sich immer deutlicher ab: Es ist wahr, Gott versorgt uns für den jeweiligen Tag, nicht mehr und nicht weniger. Für die Zukunft, egal, wie ungewiss sie war, konnte ich ihm lediglich versuchen zu vertrauen. Das war ein täglicher Kampf, eine tägliche Entscheidung, den Blick weg von mir und meinen Problemen auf ihn zu richten. Denn wenn wir zu lange auf unsere Umstände schauen, wird uns schwindelig.

Sehr umsichtig ging ich durch diese Zeit, ständig auf der Suche nach Hinweisen und Ermutigungen von Gott. Davon konnte ich nicht genug kriegen, ich schlug die Bibel nach dem Zufallsprinzip an Stellen auf, die exakt passten, griff ebenso zielsicher zu anderen Büchern, die mir weiterhalfen, mich leiteten. Durch die Predigten im Gottesdienst, sogar durch Lieder sprach Gott zu mir. Er zeigte sich durch Menschen, die nichts von meiner aktuellen Lebenssituation wussten. Im Rahmen eines christlichen Treffens nahm ich spontanes Gebet in Anspruch, in der Hoffnung, Gott würde mir auch auf diesem Wege etwas sagen. Mein Staunen war riesig, als die Person ohne Vorwissen wortwörtlich aussprach, dass ich dazu berufen sei, vorne zu stehen. Einige Tage später stieß ich beim Durchblättern meines Wunderbuches auf eine weitere Dokumentation: Aufgrund seiner Intensität hatte ich dort einen Traum notiert, ihm danach aber keine Beachtung mehr geschenkt. Verkürzt gesagt, bekam ich darin die Hauptrolle.

Als es um die Entscheidung ging, blieb ich bestärkt dabei, keine lauwarmen Kompromisse einzugehen, um die Stelle zu bekommen. Was auch immer passieren sollte, ich würde es von Gott nehmen, ohne ihn wäre ich sowieso aufgeschmissen. Ich hatte eine Klarheit in dem, was ich an Rahmenbedingungen brauchte, einen inneren Frieden. Auch als es so aussah, als ob es zu guter Letzt an meiner monetären Untergrenze scheitern würde, besann ich mich darauf, dass ich Gott und mir treu bleiben würde. Insofern wollte ich ein wahrscheinliches Nein in Kauf nehmen. Dann die Überraschung: Mir wurde die Stelle anvertraut!

Das war der Startschuss für einen Marathon an Herausforderungen. Im Schnellverfahren ging ich durch sämtliche für mich mit Unsicherheit besetzten Situationen hindurch. Nicht ohne gleich in der Früh bei Gott aufzutanken, ihn zu bitten, mir durch den Tag zu helfen. Als Geheimtipp würde ich bezeichnen, dass ich mir täglich die inzwischen lange Liste an übernatürlicher Bestätigung von Gott laut zusprach. Meinen ersten eigenen Teamworkshop, mein erstes Mitarbeiterbeurteilungsgespräch, das erste Vorstandsmeeting unter vier Augen, all das hätte ich ohne Gott echt nicht unbescholten überstanden.

An die gefürchtete Königsdisziplin durfte ich anfangs nicht einmal denken. Und irgendwie schaffte ich es meistens, im Hier und Jetzt zu bleiben – wenn auch oft nur deshalb, weil ich all meine

Energie schlicht und einfach in der Gegenwart benötigte. Das, was anstand, war machbar; allerdings nur eines nach dem anderen. An die Stelle des Perfektionismus trat dabei übrigens ein gesunder Hauptsache-Überleben-Modus. So ließen sich auch irgendwie on top unvorhersehbare Personalsituationen und notwendige Umstrukturierungen beziehungsweise Aufstockungen managen.

Aber zurück zur Königsdisziplin, zum großen Auftritt. Irgendwann war es so weit, dass ich erstmalig als Rednerin der halbjährlichen Fachtagung auf der Agenda stand. Mindestens hundertzwanzig Vorstände und Marketingleiter wurden erwartet. Immerhin durfte ich auf einige kleinere Präsentationen zurückblicken, die allesamt (trotz Aufregung) gut gelaufen waren. Gott hatte anscheinend darauf geachtet, mir peu à peu exakt das zuzumuten, was ich gerade bewältigen konnte.

Nun hatte ich es aber mit einem anderen Kaliber zu tun. Ich betete viel, andere beteten viel. Ja, ich hatte mich weiterentwickelt, bekam gutes Feedback. Was ich alles durchgestanden hatte, wie weit die Befreiung von diesen einschränkenden Sorgengedanken gediehen war, das führte ich mir immer wieder vor Augen. Mein Wunderbuch tat gute Dienste. Besonders viel Mut und Kraft gab es mir auch, wenn ich menschlich an personelle Anforderungen heranging, und genau das fruchtete. Die Verbindung mit Gott und Authentizität, das war also mein Nonplusultra. Keine Rolle spielen, echt sein und beten. Und ich betete groß: Ich bat Gott nicht nur ums bloße rhetorische Überleben, ich bat ihn um Vorfreude. Je näher das Ereignis kam, desto näher fühlte ich mich Gott, ich wusste, dass er zugegen war, und konnte ihn spüren. Aber ich tat auch meinen Teil, ich bereitete die Präsentation präzise vor, gestaltete sie um, sodass ich mich damit identifizieren konnte, und probte zu Hause. Ich nahm Ratschläge gegen Nervosität an, ich tat eben das, was ich beitragen konnte. Und konnte es selbst kaum glauben: Zwischendurch blitzte Freude auf! Endlich war es eingetroffen, das Alte schien überwunden, das galt es nur mehr zu besiegeln!

Man sagt: Mut ist Angst, die gebetet hat. Zehn Minuten vor meinem Auftritt, in der Zurückgezogenheit des Toilettenbereiches, sprach ich ein letztes Mal laut Gottes machtvolles Wort aus, das ich zu diesem Anlass aus einem Stapel von Bibelversen gezogen hatte: „Fürchte dich nicht, ich bin mit dir; weiche nicht, denn ich bin dein Gott. Ich stärke dich, ich helfe dir auch, ich halte dich durch die rechte Hand meiner Gerechtigkeit.“[16]

Das anfängliche Herzklopfen ließ nach den ersten Minuten nach, eine aushaltbare Aufregung blieb während des gesamten halbstündigen Vortrags. Der Vortrag war sicher nicht perfekt, aber das war nicht mehr mein Ziel. Als der obligate Schlussapplaus zu mir durchdrang, konnte ich Gott nur danken. Nie werde ich vergessen, was dann im Rahmen des ebenfalls bauchwehbehafteten Zeitfensters für Fragen geschah. Ein Tagungsteilnehmer stand auf und machte mir an diesem sonnigen Maitag vor versammelter Mannschaft das schönste Geschenk: „Ich muss Ihnen einfach sagen, dass ich es toll finde, wie Sie hinter dem stehen, was Sie präsentiert haben. Das hat man gemerkt, und das gefällt mir.“

Doch wenn sich jemand dem Herrn zuwendet,
wird der Schleier weggenommen.
Der Herr aber ist Geist, und wo immer
der Geist des Herrn ist, ist Freiheit.

Paulus, 2. Korinther 3,16-17 (NL)

Es ist sehr verführerisch, wenn ich auch ohne Hilfe von oben ganz gut zurechtzukommen meine. Erst ziehen unmerkliche, dann dichtere Nebelschwaden auf, die sich in meiner Wahrnehmung wie ein Schleier zwischen mich und Gott legen. Wenn ich mich von allem Möglichen oder Unmöglichen ablenken lasse, dann schleicht sich irgendwann unweigerlich Unzufriedenheit ein.

Am Höhepunkt genau so einer unzufriedenen Phase – im zehnten Jahr des neuen Jahrtausends – wusste ich mir zum Glück nicht mehr anders zu helfen, als Gott gegenüber lauthals meinen Unmut zu äußern. Ich warf ihm vor, dass das Christsein aus meiner Sicht immer noch zu theoretisch und ja, auch zu lauwarm sei. Was solle ich von der Verheißung halten, dass er doch heute, gestern und morgen der Gleiche sei? Dieser Gott habe bibelgemäß in Gestalt von Jesus zahlreiche Wunder getan, geheilt, habe Dämonen ausgetrieben, Tote zum Leben erweckt, sei Menschen nach seinem irdischen Dahinscheiden erschienen und verspreche sogar, dass wir noch größere Wunder als er tun würden[17]! Entweder es stimme alles, oder ich müsse das gesamte Werk für null und nichtig erklären. In dem Fall ging es für mich echt ums Eingemachte, um Wahrheit oder nette Geschichten. Wie war das – angeblich würden wir denselben Geist bekommen, der Jesus auferstehen ließ? Dass so einer in mir wohnen sollte, davon merkte ich nicht allzu viel. Wenn schon, denn schon, Schluss mit halben Sachen!

Erfahrungsberichte anderer Menschen, die weit länger ihren Alltag mit Gott bestritten, hatten mir bereits öfters geholfen. Auch diesmal wollte ich meinem Instinkt für den richtigen Lesestoff eine Chance geben. Im Bücherladen angekommen, stand ich erst einige Minuten vor dem riesigen Regal, bevor ich ein unscheinbares Exemplar über den Heiligen Geist herauszog. Das Topic und kein anderes sollte es sein, diese Gewissheit hatte ich.

In meinem Lieblingscafé las ich das Büchlein in einem Zug durch. Meine aktuellen Fragezeichen wurden hier eines nach dem anderen abgehandelt. Alles schien auf einmal im großen Stil Sinn zu machen, zusammenzuspielen, ein Ganzes zu ergeben. Das Geheimnis liege in dem Mysterium des Heiligen Geistes, ohne ihn sei das christliche Dasein ja auch nicht viel mehr als das

Befolgen eines Wertesystems. Bibelverse, denen ich halbherzig begegnet war, bekamen eine Bedeutung, wurden lebendig. Diese Stellen über die Person des Heiligen Geistes, über die Ausschüttung der Geistesgaben, die Gott für uns demnach bereithielt, hatte ich bis dato nur überflogen. Schenke man der Bibel Glauben, könne der Heilige Geist durch mich grundsätzlich sämtliche Dinge bewirken, um die ich fast nicht zu bitten gewagt hätte. Da war die Rede von Heilung, von Wunderwirkung, von Weissagung! Je nachdem, wie viel Raum ich ihm in mir gebe, könne er sich entfalten und seine Kraft fließen lassen.

Ein Licht nach dem anderen ging mir auf; denn man könne dieselbe Kraft, die Jesus von den Toten auferweckt habe, in sich tragen, ohne sie jemals einzusetzen! Was nicht aktiviert werde, liege somit brach. Der Rest meines Lebens bestehe nicht darin, zu lernen, wie ich etwas bekomme, sondern darin, zu entdecken, wie ich das freilegen könne, was ich längst von Gott empfangen hatte. Was meinen inneren Vulkan noch heftiger zum Brodeln brachte, war die biblische Offenbarung, dass sich Jesus zu seinen irdischen Lebzeiten dazu entschieden hatte, nicht als Gott, aber als Mensch zu handeln. Sprich, dass er uns vorgelebt hat, welch unerschöpfliche Quelle im Heiligen Geist liegt.

In mir wurde es heiß, ich brannte vor lauter Neugierde, inwiefern diese Erkenntnis meinem Glaubensleben eine grundlegende Wende geben würde. Das war also damit gemeint, dass ich wie eine Königstochter bereits hier auf Erden sämtliche Schätze erhalten habe. Es erinnerte mich an das Gleichnis vom verlorenen Sohn, dessen eifersüchtiger, zu Hause gebliebener Bruder einfach nur hätte zugreifen müssen, die Reichtümer des Vaters waren sowieso auch seine. In Jesu Namen zuzugreifen war demnach der Schlüssel zu dem übernatürlichen Erbe und den himmlischen Geschenken, die jetzt schon für uns bereitstehen. Ich fühlte mich, als könne ich mit seiner Hilfe das Meer teilen, einen Berg versetzen und Fische vermehren. Es war elektrisierend, als diese Verheißungen vom Kopf in mein Herz rutschten und mir die großen

Abenteuer, die vor mir lagen, zum Greifen nah schienen. Mit dem Zuklappen des Buches war eine neue Ära eingeläutet. Durch diesen weiteren Puzzlestein auf meiner Glaubensreise kam noch mehr Bewegung in das Christsein.

In den nächsten Wochen erreichten mich auf wundersame Weise Seminareinladungen zum Thema „In der Kraft des Heiligen Geistes“. An einem Seminarwochenende, wo ich selbst tiefe emotionale Heilung erfahren habe, ereignete sich zum Beispiel Folgendes: Es war total fremd für mich, einander in der Kraft des Heiligen Geistes zu segnen. Sabine machte den Anfang, indem sie sich auf einen Sessel setzte und wir fünf anderen uns um sie herum aufstellten. Nachdem wir den Heiligen Geist um seine Worte gebeten hatten, sollten wir laut wiedergeben, was uns nach einigen Momenten der Stille, der Ausrichtung auf Gott, in den Sinn kam. Damit könne er direkt in das Leben der Person hineinsprechen. Ich wollte Gott so gerne durch mich etwas sagen lassen, jedoch fürchtete ich, dass ich selbst irgendetwas geistreich Klingendes kreieren würde, aus lauter Sorge, dass sonst nichts käme.

Eines meiner Bilder, das ich meinem Bett gegenüber angebracht habe, sodass ich es jeden Tag in der Früh sehe, ging mir nicht aus dem Kopf: Vor Jahren hatte ich das brennende Herz gemalt. Völlig an den Haaren herbeigezogen schien mir das nun in dem Zusammenhang. Ach, was hätte ich für eine Prophetie von Gott für Sabine gegeben! Und dann pfiff ich drauf: Nachdem sich das brennende Herz nicht fortjagen ließ, beschrieb ich es Sabine schließlich und endlich doch. Ich hätte vor Freude übergehen können, als sie sich gleich im Anschluss daran dafür bedankte. Ihre innerliche Frage an Gott war, ob sie sich wirklich selbstständig machen solle. Bis zur Segnung hatte sie keinen Frieden diesbezüglich verspürt. Als ich mich durchrang, ihr von dem Bild zu erzählen, war das ihre Gebetserhörung, die ersehnte Bestätigung! Die Visitenkarten mit einem eigens gestalteten Logo waren produziert, und als sie mir eine zeigte, blieb mir der Mund offen stehen: Darauf war ein brennendes Herz zu sehen!

Weil es sich wieder um das Brennende-Herz-Bild drehte, möchte ich noch auf eines meiner ersten spirituell-körperlichen Erlebnisse eingehen. Eines Abends lag ich in meinem Bett und lauschte vor dem Einschlafen einer christlichen Online-Message. Ich war eingedämmert, nahm aber die Sprecherstimme entfernt wahr. Plötzlich sog es mich förmlich zur gegenüberliegenden Wand, direkt zu meinem Bild hin. So crazy das jetzt klingen mag – und ich konnte das selbst nicht begreifen: Ich hatte meinen Körper verlassen und schwebte, besser gesagt klebte an dem brennenden Herz! Was ich nicht genau weiß, ist, wie lange dieser Zustand andauerte. Aber auch wenn es nur kurz war: Ich erinnere mich total stark an dieses intensive kribbelige Gefühl und das wilde Herzklopfen danach.

Auf meine spätere Frage, was Gott mir damit wohl sagen wollte, bekam ich diese Antwort: „Ich werde dich genau dort hinbringen, wofür dein Herz brennt!" Und eines kann ich aus tiefstem Herzen sagen: Ich wollte und will viel mehr von ihm entdecken! Ich sehne mich danach, die Fülle des Übernatürlichen zu erleben, die Gott uns durch den Heiligen Geist versprochen hat!

> Ich werde dir die Schlüssel zum Himmelreich geben. Was du auf der Erde bindest, wird auch im Himmel gebunden sein, und was du auf der Erde öffnest, wird auch im Himmel offen sein.
>
> Gott, Matthäus 16,19 (NL)

Ich habe einen riesengroßen Hunger danach, nicht nur von anderen über Gottes übernatürliches Wirken zu hören, sondern es auch höchstpersönlich mit all meinen Sinnen zu erfahren. Dieser geistliche Hunger hat mich im Juli 2012 zu einem vierwöchigen Aufenthalt nach Toronto geführt. In der „Leader's School of Ministry“[18], sozusagen einer geistlichen Tankstelle für Leiter im christlichen Bereich, traf ich auf andere Hungrige aus aller Welt. Die meisten gingen ihren Weg im Bewusstsein des Heiligen Geistes schon lange und waren mit dem Übernatürlichen weit vertrauter als ich. Manche von ihnen konnten in die geistige Welt sehen, hatten also auch Kontakt zu Engeln.

Die erste Hälfte meines Toronto-Abenteuers verbrachte ich fast ausschließlich damit, Gott anzuflehen, auch meine geistlichen Augen zu öffnen beziehungsweise mir mehr an körperlich spürbaren Manifestationen seiner Gegenwart zu schenken. Um transparent zu sein: Ich war zwischenzeitlich am Verzweifeln. Zerrissen zwischen konträren Gefühlen: Einerseits doch dankbar sein zu müssen für all das, was ich bereits von Gott erhalten hatte, und auf der anderen Seite wollte ich auch an meiner Sehnsucht in Jesu Namen festhalten. Zugreifen war doch der Schlüssel!

Dann kam ein lebensverändernder Augenblick: Erschöpft von der Jagd auf irgendwelche bombastischen und spektakulären Erfahrungen fiel ich vor Gott auf die Knie und realisierte, dass meine eigentliche Sehnsucht auf ihn selbst abzielt. In meinem Herzen hatte ich auf einmal die absolute Gewissheit, dass ja ohnehin er diesen Hunger in mich reingelegt hat und ihn auch immer mehr stillen wird, dass der Weg aber über die Beziehung zu ihm führt. Es geht darum, seine Gegenwart, seine Nähe zu suchen, Zeit mit ihm zu verbringen. Dann wird das Übernatürliche zu einem automatischen Nebenprodukt.

Mit dieser tief greifenden Erkenntnis konnte ich loslassen. Wir schlossen einen Bund: Mein ganzes Leben inklusive meiner Sehnsüchte, Wünsche und Bedürfnisse habe ich in seine Hände gelegt. Ich habe quasi einen Blankoscheck mit der Headline „whatever“ unterschrieben. Im Gegenzug formulierte ich meine Bedingung: „Ich will mehr von Deiner Gegenwart, mehr von Dir, einfach nur mehr vom Heiligen Geist erleben!“ Zur Besiegelung dieser Abmachung belohnte Gott mich damit, dass ich seine Anwesenheit extrem stark spüren konnte. Neben einem herrlichen Frieden legte sich eine Art heilige Schwere auf mich, besonders in meinen Händen verspürte ich so etwas wie Blitze, und mein Körper wurde von einer wohligen Liebeswelle überrollt. Unsere Beziehung hatte endlich eine nachhaltig neue Dimension erreicht, doch das begriff ich erst nach meiner Rückkehr in die Wiener Heimat.

Der wesentliche Punkt, unsere unsichtbaren Mauern in der Beziehung zu Gott zu überwinden, ist und bleibt das heilsame Erkennen unserer wahren Identität. Im Laufe der sogenannten Heilungswoche haben wir Gott gebeten, dass er uns eine Kindheitssituation zeigt, in der wir aufgrund von Verletzungen unbewusst unser Herz ein Stück weit zugemacht haben.

Mir fielen zwei Szenen ein. Eine davon war aus der Zeit, als wir übergangsmäßig in Oslo lebten und ich aufgrund der Sprachbarriere in den ersten Monaten eine Außenseiterrolle hatte. Es war also an meinem fünften Geburtstag, meine Mutter hatte eine Party für mich organisiert. Fast alle Kindergartenkinder waren gekommen und hatten mir auch tolle Geschenke mitgebracht. Alles schien super zu laufen, bis ich kurz in mein Zimmer gehen sollte, ich würde es bestimmt nicht bereuen. Etwas widerwillig setzte ich mich aufs Bett und lauschte, draußen hörte ich meine Gäste lachen. Nach endlos scheinenden Minuten des Wartens konnte ich nicht mehr stillsitzen. Ich fühlte mich ausgeschlossen, als ob man mich vergessen hätte – und das an meinem Geburtstag. Ich begann zu weinen. In dem Moment wurde die Tür unter fröhlichen Überraschungsrufen und Konfettiregen aufgerissen, und alle trugen mir zu Ehren Partyhüte. Zu meinem Ausgeschlossenheitsgefühl kam da noch Scham dazu.

Diese Erinnerung stieg in mir jedenfalls während des Gebets in Toronto hoch; ich erzählte allerdings niemandem davon. Die Workshop-Leiterin kam zu mir, um für mich zu beten, und hatte folgende Vision: Sie sah mich als kleines Kind auf einer Party, wo wir alle Partyhüte tragen! Dazu hörte sie Gottes Stimme, die sagte: „You are an insider! You are an insider!“ Wow, Gott hat durch sie in genau diese Begebenheit Heilung hineingesprochen!

Aber damit nicht genug: Am gleichen Tag fand vor Ort, sprich in Toronto, eine Kindergeburtstagsparty statt. Erst dachte ich mir noch nichts dabei und saß etwas abseits in ein Gespräch vertieft. Dann hatten plötzlich alle Partyhüte auf! Und dann kam auch noch der Vater des Geburtstagskindes und brachte mir eine Torte. Er hat mich so zur Party dazugeholt und mich erlebbar zum Insider gemacht! Welch große Bedeutung diese nette Geste für die kleine Kathi in mir hatte, konnte er nicht ansatzweise ahnen.

Aber Gott hatte für mich noch einen Abschlusshammer: Als originelle Beweisführung kam die Familie ausgerechnet aus Norwegen, sogar aus Oslo! Ich bin echt immer noch sprachlos, wie kreativ Gott heilt. Gemeinsam mit dem Heiligen Geist eine Identitätslüge nach der anderen zu entlarven, davon kann ich nicht genug bekommen!

Einige Tage nach der Party-Heilung durfte ich eine weitere persönliche Sensation auf körperlicher Ebene erleben. Angesagt war ein von einer rockigen Band begleiteter Worship-Abend, auf gut Deutsch ausgelassenes Singen und – wer mag – auch Tanzen aus Freude an Gott. So sehr ich solche Events liebe, ich war müde und hatte extreme Kreuzschmerzen. Trotzdem habe ich mich irgendwie hingeschleppt und mich dort einfach nur in Gottes Gegenwart gelegt, mir vorgestellt, dass ich mich an sein väterliches Herz kuschle. Nach einiger Zeit wurde mein Rücken irrsinnig heiß und mit dieser feurigen Hitze der Schmerz regelrecht rausgezogen. Nach einer Stunde war ich zusätzlich so aufgetankt, dass ich total Lust hatte, vor Begeisterung zu springen und nun doch zu tanzen. Gott hatte mich also beim Nichtstun geheilt!

Ich stehe ja noch am Anfang meiner übernatürlichen Reise, aber ich versuche mich insbesondere nach meinem kanadischen Neustart auch in Heilungsgebetsanläufen. Meine Verantwortung ist es zu beten, seine zu heilen. Beim Händeauflegen durfte ich mich neben blitzartig verschwundenen Kopfschmerzattacken und merklich rückgebildeten Blähbäuchen unter anderem immerhin schon über einen geheilten Knöchel, ein nicht mehr schmerzendes und unmittelbar wieder biegsames Knie sowie ein vormals eingeschränktes Gehör freuen, dessen Lautstärkeregler vom Heiligen Geist auf hundert Prozent gedreht wurde.

Gott hat mir im Rahmen der Leader's School noch mehrere Geschenke gemacht. Eines davon konnte ich überhaupt nicht glauben und habe es auch wochenlang kritisch hinterfragt. Nämlich, dass ich aus heiterem Himmel feinen Goldstaub auf meinen Händen hatte! Mittlerweile nehme ich es als Zeichen seiner Gegenwart, als Zeichen, wie herrlich er ist. Und ich nehme es auch als Zeichen dafür, wie real das Übernatürliche ist – das am eigenen Leib zu erfahren, habe ich mir ja so sehr gewünscht! Yippie, danke, Jesus!

Gott ist zum Glück in Kanada derselbe wie in Wien: Ich habe den Goldstaub auch hier! Und nicht nur ich – dieses Phänomen hat sich verbreitet! Viele gläubige Menschen im umliegenden Kreis haben es auch erlebt! Ich bin so dankbar, dass Gott meine Bitte erhört hat und zur Bestätigung obendrein der heimische Pastor den Goldglitzer mehrmals auf seinen Händen hatte! Ich freue mich auf all das, was noch kommen wird. Und als Tochter des Höchsten erwarte ich Großes!

Die dritte Kanada-Woche stand übrigens ganz im Zeichen des Prophetischen. Durch die Bibel lässt Gott uns wissen, dass alle, die ihm nachfolgen, dazu berufen sind, prophetisch zu reden[19]. Gemeint ist damit, dass wir lernen, seine Stimme zu hören und dann ein Sprachrohr zu sein, damit er Menschen sein Herz für sie und ihre Zukunft offenbaren kann. Meist hat es mit Identität, Bestimmung und Berufung zu tun. Innerhalb des Schulbetriebes hatten wir zur Genüge Möglichkeiten, genau das aneinander zu üben. Was ich alleine dadurch für einen reichen Schatz mit nach Hause nehmen durfte! Gewisse Aspekte sprach Gott mir durch unterschiedlichste Leute unabhängig voneinander zu. Es war echt atemberaubend!

Das Highlight schlechthin war aber zweifelsohne die mehrminütige Prophetie der bekannten charismatischen Konferenzsprecherin, die dieses sensible Fach mit viel Weisheit und Demut unterrichtete. Aus Gründen der Nachvollziehbarkeit, aber auch der Verantwortlichkeit redete sie Gottes Sicht auf meine Bestimmung auf Band. Es war zum Heulen schön: Neben handfester Bekräftigung von bereits eingetretenen Veränderungen hat Gott mir ein detailgetreues Lebens- und Berufungsbild gezeichnet. Damit hat er mich immens in meiner Identität und Vision bestärkt und ermutigt! Zur Verwirklichung gehört natürlich neben Prüfung (Gott bestätigte mir das Gesprochene zusätzlich direkt) das Wissen um die offene zeitliche Komponente, das leuchtete mir ein. Aber auch mein Einverständnis ist ausschlaggebend erforderlich. Und ich rufe erneut laut: „JAAA!"

Als Sahnehäubchen meiner Prophetie stellte Gott mir sogar mehr in Aussicht, als ich im Zuge unseres Bundes losgelassen hatte: Er kündigte an, dass ich den übernatürlichen Bereich in seiner Fülle erfahren werde! Sehen inklusive! O mein Gott, ist das nicht aufregend? Wunder über Wunder! Das unglaublichste Wunder ist sowieso, dass ich überhaupt gläubig geworden bin! Wer hätte sich einst gedacht, dass ich nur ein Gebet weit von Gott entfernt war?

GOTTES PLÄNE

sind der Wahnsinn!

Am 1. Mai 2012 schickte ich das Manuskript dieses Buches an eine Handvoll Verlage. Ich war zum einen davon überzeugt, dass das Buch inhaltlich druckfertig war, zum anderen wollte ich nach diesen langen Jahren der Aufarbeitung und des Schreibens endlich nicht mehr in die Vergangenheit schauen, sondern ab sofort mein Angekommensein in der Gegenwart genießen.

Aufgrund der Fülle selbst ernannter Schriftsteller ist es verständlich, dass man ohne vermittelnde Beziehungen einige Monate auf eine ersehnte Reaktion wartet. Und ähnlich wie beim Männerthema verhielt es sich auch bei der Verlagssuche: Ich bin so froh, dass es damals zu keiner verbindlichen Beziehung gekommen ist! War doch die Zeit nicht reif, auch wenn ich das Anfang Mai nicht wissen konnte. Aber zum Glück weiß es Einer immer besser und schenkte mir sogar Geduld, keine weiteren Schritte zu unternehmen. Insofern konzentrierte ich mich auf Gott und fuhr im Juli nach Toronto, wo ich ja Dinge erlebte, die unbedingt noch in das Buch hineinverarbeitet werden mussten.

Wieder in Wien, zog ich mich dann für ein verlängertes Wochenende zurück, und diesmal finalisierte ich das Buchprojekt wirklich. An einem Sonntagabend schrieb ich den letzten Satz, und damit breitete sich ein göttliches Feuer in mir aus. Ich wusste, dass es nun flott gehen und ich mein Copyright fürs Erste nur mit dem Heiligen Geist teilen würde – sprich, dass ich das Buch selbst herausgeben sollte. Eine Tür nach der anderen ging auf:

Am darauffolgenden Montag, also am nächsten Tag, hatte Gott mir einen brancheninternen Grafiker zur Seite gestellt.

Und jetzt bitte festhalten: Es handelt sich um den Mann im grünen Pyjama!!! Wir erinnern uns bitte an jenen besorgten Mann von Seite 81, der mich sieben Jahre zuvor an meinem nächtlichen Tiefstpunkt mit Taschentüchern versorgte.

Und jetzt nochmals festhalten: Als wir an jenem Montag das Briefinggespräch zum Buchlayout führten, hatten wir keine Ahnung, dass wir bereits Gemeinsames erlebt hatten! Wir kannten uns flüchtig aus der christlichen Gemeinde, die ich regelmäßig besuchte, und ich war Gott mehr als dankbar, dass er ihm die grafische Umsetzung meines Werkes ans Herz gelegt hatte. Das war in meinen Augen schon das Wunder.

Als ich mir die Adresse notierte, wo wir uns zum ersten Buchmeeting treffen wollten, empfand ich es als lustigen Zufall, als ich registrierte, dass ich genau diese Gasse in vorhochzeitlichem Stadium bewohnt hatte. Und als uns dann Pyjamas Frau, die doch glatt unter den Testlesern war, ein köstliches Abendessen servierte, hatten wir einen Backflash, als uns ein Licht über der längst verjährten dunklen Begebenheit aufging.

Wieder einmal durfte ich live erleben, dass Gott viel größer denkt: Das Pyjama-Ehepaar war zu meinem damaligen Tiefpunkt, sprich 2005, erst kurz gläubig. Ihrer Nachtruhe beraubt, wollten sie helfen, und so kam mein späterer Grafiker, um das arme, verweinte Mädchen – also mich – zu beruhigen. Wie wir wissen, funktionierte das nur bedingt. Allerdings ließ mein Bild den beiden keine Ruhe, und so beteten sie Woche um Woche in ihrer Bibelrunde, dass ich erkannte, dass Gott mich liebt. Der Same fruchtete: Exakt in diesen Monaten begann ja meine Glaubensreise!

Und im Oktober 2012 saßen wir dann zu dritt vor dem gedruckten Premierenexemplar meines Buches und konnten wahrscheinlich nicht annähernd begreifen, wie unfassbar komplex, genial und punktgenau Gottes Pläne sind! Aber wir konnten trotzdem erkennen, dass Gott definitiv Gebete erhört und dass er auch in den schlimmsten Momenten unseres Lebens da ist und alles zum Besten verwenden kann!

Ziemlich exakt ein Jahr und knapp tausend Bücher danach unterzeichnete ich bei meinem absoluten Wunschverlag einen Autorenvertrag. Und es fehlen mir fast die Worte, wenn ich daran denke, dass ich für das Zustandekommen dieser Geschäftsbeziehung rein gar nichts tun musste! Mit seiner Planung hatte Gott mir nachhaltig die Sprache verschlagen: Im Rahmen meiner allerersten Lese- und Vortragsreise nach Deutschland wurde meine Lebensgeschichte per himmlischem Zufall ganz einfach entdeckt. Und zwar vom Vertriebsleiter des Verlages höchstpersönlich. Und die Story, durch welch harmlos wirkende Verkettungen der Umstände ich zu genau diesem Zeitpunkt in genau jenem baden-württembergischen Örtchen gelandet war, würde ein weiteres staunendes Kapitel füllen.

In den Sprüchen steht eine biblische Weisheit, um die ich Gott für uns alle bitte, damit wir kein bisschen von dem verpassen, was er für jeden Einzelnen von uns bereithält: „Verlass dich nicht auf deine eigene Urteilskraft, sondern vertraue voll und ganz dem Herrn! Denke bei jedem Schritt an ihn; er zeigt dir den richtigen Weg und krönt dein Handeln mit Erfolg!“[20] Amen!

EIN LETZTER BLICK

hinter die Kulissen

Ich habe den Wunsch, dass das, was ich erlebt habe, anderen in irgendeiner Art und Weise helfen kann. In meiner Vorstellung verändert ein gutes Buch im Idealfall Leben. Und jetzt kommt das Geniale: Das hat dieses Buch bereits – nämlich mein eigenes. Es hat mir geholfen, mich mit meiner Geschichte anzufreunden, sie zu akzeptieren und mich schließlich meiner Bestimmung zu nähern.

Die ersten Zeilen habe ich 2007 zu Papier gebracht, einzig aus der Motivation heraus, mir etwas von der Seele zu schreiben. So begann ein aufwühlender und auch recht anstrengender Prozess zur Verarbeitung meiner Vergangenheit, man kann es auch als therapeutisches Schreiben bezeichnen. Ich versuchte Verborgenes ans Licht zu bringen, indem ich unliebsame Erfahrungen nochmals durchlebte. Kapitel für Kapitel arbeitete ich mich durch meine Erlebnisse. Oft sind etliche Monate verstrichen, in denen ich mein Netbook nicht einmal aufgeklappt habe, Zeiten des Reifens. Doch wenn ein Thema dran war, dann war es unausweichlich, ist mir überall begegnet. War es geschafft, den Kern auf den Punkt zu bringen und wiederum in Worte zu kleiden, dann bedeutete das auch irgendwie, dass ich es als Teil meiner Erfahrungen annehmen, es zugleich aber auch loslassen konnte. Ein Befreiungsschlag nach dem anderen, denn ich halte es für wichtig, daraus zu lernen, aber sich nicht durch den Blick nach hinten am Vorwärtskommen hindern zu lassen. Der Fokus sollte keinesfalls darauf liegen, im Problem zu baden.

Etappenweise tauchte ich dann unter, 2010 sogar einen Monat am Stück. Neben der Tatsache, dass ich für diese Zeiträume sämtliche Kontakte abbrach, brauchte ich zudem auch einen Tapetenwechsel, ich musste einfach raus aus dem gewohnten Umfeld. So bereiste ich nahezu jedes österreichische Bundesland, vorzugsweise mit Seeblick oder zumindest Flussnähe. Noch viel inspirierender wirkt das Meer auf mich, ich tippte einige Kapitel in Kroatien, andere in Griechenland, und meine vierwöchige Schreibauszeit verbrachte ich an der Ostsee. Das alles spielte sich innerhalb von fünf Jahren ab, in denen ich immer wieder wegfahren musste, um nach Hause zu finden.

Es ist schon schräg, seine eigene Story auch mal mit einem Außenblick lesen zu können. Mit etwas Abstand die ursprünglichen Wurzeln in der Kindheit und die späteren offensichtlichen Auswirkungen zu betrachten. So konnte ich erkennen, dass meine Sehnsucht von Anfang an der Wegweiser auf meiner Identitätssuche war. Die Vogelperspektive auf meine 180-Grad-Geschichte hat mir bestätigt, dass mein tiefstes Sehnen nur durch meinen Erschaffer selbst gestillt werden konnte. Nach all meinen vergeblichen Sehnsucht-Zustopf-Experimenten hat einzig er mir echte Identität geben können.

Tja, und irgendwann stellte ich fest, dass ich nicht mehr nur für mich schrieb. Das war von einem Moment auf den anderen plötzlich klar, es fühlte sich selbstverständlich an. Offenheit entspricht ohnehin meiner Persönlichkeit, und wenn ich Dinge erkenne oder zu erkennen glaube, spüre ich in mir ein Drängen, das Erfahrene beziehungsweise eine Conclusio davon weiterzugeben.

Ich habe aus dem Grund viel von mir preisgegeben, weil mich all das in Summe dorthin geführt hat, wo ich heute bin. Mehrmals habe ich das Skript überarbeitet und darüber gebrütet, welche Aspekte hier hinein und welche nur zwischen mir und Gott bleiben sollen. Als feststand, dass „Ich hasse lauwarm" neu erscheinen würde, nutzte ich die Chance, um die in damaliger Windeseile herausgegebene Buchversion nach Herzenslust zu optimieren.

Die größte stilistische Neuerung betrifft „Kathi". Im ersten Anlauf hatte ich für diesen Abschnitt bewusst die Sie-Form (also „Kathi" statt „ich") und eine objektive Erzählweise gewählt. Nun war aber die Zeit gekommen, endgültig Frieden mit meinen jungen Jahren zu schließen: Diesmal ließ ich mich auch auf die schwärzesten Stunden tiefer und mit viel Gefühl ein.

Was hier zu lesen ist, ist natürlich nur meine Erinnerung und aktuelle Wahrnehmung. Die meisten Namen und viele Örtlichkeiten wurden geändert, das sollte für eine angebrachte Anonymität sorgen. An dieser Stelle möchte ich meinen Eltern zuliebe nicht unerwähnt lassen, dass sie mich zwar in diesem Vorhaben unterstützen und sicher auch weiterhin immer hinter mir stehen werden, allerdings eindringlich vor Konsequenzen gewarnt haben. Sie haben wohl recht, dass es Menschen geben wird, die meine Vergangenheit, dieses Veröffentlichungsprojekt an sich, verurteilen.

Aber Gott hat längst jeden einzelnen meiner Fehltritte vergeben und vergessen. Ich baue darauf, dass Jesus an meiner Stelle für meine Sünden gestorben ist und meine alte Identität dabei auf mystische Weise ans Kreuz genagelt wurde. Durch ihn bin ich eine neue wiedergeborene Katharina, die noch einmal von vorne beginnen durfte. Denn Jesus hat vor über 2000 Jahren sowieso alles, alles, alles Negative überwunden! Wenn das kein Grund zum Feiern ist!

Dennoch ist es irgendwie schwer zu verstehen, dass wiederum einzig Glaube bewirken kann, dass diese siegreiche Wahrheit zu greifbarer persönlicher Realität wird. Das scheint fast zu gut, um wahr zu sein. Doch gerade die Idee, dass etwas „too good to be true" sein könnte, ist wohl ein treffsicheres Indiz, dass Gott dahintersteckt.

Mein Leben als Christin ist alles andere als lauwarm, und dieser Weg führt mich eindeutig in die Freiheit. Jeder Tag, den ich in dem Bewusstsein beginne, welch Wahnsinnsgeschenk wir bekommen haben, wird zu einem großen Abenteuer. Während meines Geschenk-Auspack-Prozesses häufen sich bereits weitere Geschichten und neue Erkenntnisse, die erzählt werden wollen. Und deshalb hat Gott mir vor gar nicht allzu langer Zeit den Titel für mein nächstes Buch eröffnet: „Ich will mehr!“

Wenn du mehr über Katharina Suppan erfahren willst,
besuch ihre Facebook-Seite.
Da gibt's auch viele spannende Fotos
aus ihrem Leben zu sehen.

Falls Gott durch dieses Buch zu dir gesprochen hat,
sende doch deine persönliche Erfahrung an:
katharina.suppan@ichhasselauwarm.com

DANKE

Der größte Dank gebührt Gott, ihm ist dieses Buch gewidmet: Er ist mein himmlischer Vater, mein bester Freund und mein engster Vertrauter. Ich habe mein Leben in seine Hände gelegt, und ihm verdanke ich alles. Ich weiß oft nicht, wohin es im nächsten Schritt geht, aber was ich weiß, ist, wem ich nachgehe.

Darüber hinaus möchte ich mich an erster Stelle bei meiner Familie und meinen engsten Freunden bedanken!

Liebe Eltern, ich möchte euch ganz besonders für eure Bereitschaft danken, Dinge zu reflektieren, zu hinterfragen und zu überdenken. Danke für euren Mut, euch auch vor schwierigen Themen nicht zu scheuen, danke für eure Aufgeschlossenheit! Liebe Andrea, es ist eine Freude zu sehen, wie du aufblühst! Echt schön, dass wir im Erwachsenenalter mehr zueinandergefunden haben und wir uns alle als Familie gemeinsam weiterentwickelt haben. Meine Cousine, ach, was tät ich nur ohne dich, so cool, dass wir Seite an Seite durchs Leben gehen! Lieber Johannes, ich danke dir vor allem dafür, dass Gott – aber auch deine Frau Monika – durch dich in unsere Familie kommen konnte. Meine Lieblingstante Angelika, danke für die vielen wertvollen Gespräche und deine Freundschaft.

Ich halte hiermit fest, dass ich die besten Freundinnen der Welt habe: Danke, liebe Theresa, dass du mich immer bestärkst und wir so viel Spaß miteinander haben können! Danke nochmals, liebe Lies-Marie, danke für unsere einzigartige Cousinen-Freundschaft! Um meine Mädelsrunde komplett zu machen:

Danke, liebe Hyejin, insbesondere für die unermüdliche Gebetsdeckung und unseren intensiven Austausch über den Heiligen Geist. Ein riesiges Dankeschön auch für Gebete und Ermutigung an Kerstin.

Ihr alle habt mir geholfen, aus meiner persönlichen Geschichte ein öffentlichkeitstaugliches Buch zu machen!

Bei Pastor Rob und Mary, Mary M. und Christa möchte ich mich für die fruchtbaren geistlichen Impulse bedanken, die sie mir auf meinen anfänglichen Glaubensweg mitgegeben haben. Zu einer geistigen Heimat ist meine donnerstägliche Growing-in-the-Spirit-Runde geworden: Danke für euren Gebetssupport & special thanks to Chris!

Für das ehrliche, ermutigende und hilfreiche Buchfeedback im Laufe des Entstehungsprozesses möchte ich mich auch noch bei Karin und Heli, Jenny, Elke und Roland, Michi, Hansi, Bernd, Kathi, Tatjana, Maja, Manuela, Ingrid, Johannes D., Connie, Erik und Sebi bedanken. Für die angenehme Zusammenarbeit mit meiner Lektorin Konstanze bin ich ebenfalls sehr dankbar: Ich konnte deine Anregungen super in die Manuskriptüberarbeitung einfließen lassen.

Natürlich gilt mein Dank allen, die Teil meiner Geschichte sind – ohne euch gäbe es dieses Buch nicht!

ANMERKUNGEN

1 „You Can Relax Now“, Music & Lyrics: Susan McCullen, © 1986, Heartland Music.
Auf Deutsch etwa:
„Du kannst jetzt zur Ruhe kommen. Komm und öffne deine Augen. Atme tief durch. Ich bin bei dir. Mein liebes, liebes Kind! Du fragst dich, wer du bist? Du bist ein Kind Gottes. Und das wird sich niemals ändern.
Du hattest einen Traum. Du hast ihn missverstanden. Du dachtest, du seist ganz allein. Aber jetzt hörst du meine Stimme und kannst zur Ruhe kommen. Komm und öffne deine Augen. Atme tief durch. Ich bin bei dir. Du bist die Liebe meines Lebens. Du bist mein einzigartiges Geschöpf. Du bist ewig. Und das wird sich niemals ändern.
Du hattest einen Traum. Du hast ihn missverstanden. Du dachtest, du seist ganz allein. Aber jetzt hör auf meine Stimme und komm zur Ruhe. Komm und öffne deine Augen. Atme tief durch. Ich bin bei dir. Du bist die Liebe meines Lebens. Du bist mein einzigartiges Geschöpf. Du bist ewig. Und das wird sich niemals ändern.
Du kannst jetzt zur Ruhe kommen. Ich bin bei dir. Du bist ein Kind Gottes. Und das wird sich niemals ändern. Du kannst jetzt zur Ruhe kommen. Du bist ein Kind Gottes.“

2 Der Begriff „Freikirche“ bezeichnet grundsätzlich Christen, die sich gegenüber bloßen kirchlichen Traditionen abgrenzen. Mit dem oftmaligen Zusatz „evangelikal“ ist eine starke Bindung an die Bibel als verlässliche und maßgebliche Selbstoffenbarung Gottes gemeint. Die Betonung liegt auf der Notwendigkeit einer persönlichen Entscheidung, Jesus Christus nachzufolgen. Die „charismatische“ Bewegung ist eine geistliche Strömung, die die Gaben des Heiligen Geistes hervorhebt, die nach christlichem Verständnis von Gott vergeben werden.

Vorsichtige Schätzungen liegen bei weltweit 600 Millionen „freien Christen“, das sind etwa 10 % der Weltbevölkerung. In Nordamerika sind es bereits ca. 30 % der Bevölkerung. Das Wachstum ist generell sehr hoch, jedoch zählen die „freien Christen“ in Europa noch zu einer Minderheit. Im deutschsprachigen Raum sind es immerhin knapp 5 % der Schweizer, die sich zum freien Christentum bekennen, in Deutschland umfasst der evangelikale Anteil in etwa 2,4 Millionen (nähere Infos auf www.evangelikal.de), und last but not least gibt es in Österreich knapp 220 freichristliche Gemeinden. 2013 haben sogar jene Freikirchen, die Teil der Dachorganisation „Freikirchen in Österreich“ sind, offiziellen rechtlichen Status als „Kirche“ erhalten (www.freikirchen.at, Status 2013).

3 Auf Deutsch etwa: „Was würde geschehen, wenn du heute Nacht sterben würdest?“

4 Siehe Johannes 3,16.

5 © Atrium Verlag, Zürich, und Thomas Kästner.

6 Gary Chapman: *Die fünf Sprachen der Liebe*, Francke: Marburg 2012.

7 Siehe 2. Korinther 10,5.

8 Zum Beispiel im 1. Korintherbrief, Kapitel 7.

9 Dietrich Bonhoeffer: *Widerstand und Ergebung* © 1998, Gütersloher Verlagshaus, Gütersloh, in der Verlagsgruppe Random House GmbH.

10 Auf Deutsch: „Es tut mir so leid. Du hast das missverstanden. Ich bin nur für eine Freundschaft zu haben.“ – „Okay, Katharina. Ich muss jetzt arbeiten.“

11 Pam Vredevelt: *Cappuccino für die Seele* © 2014 SCM Collection im SCM-Verlag GmbH & Co. KG, Witten.

12 Auf Deutsch: „Ich habe mich in dich verliebt, und ich bereue es nicht ... Für eine lange, lange Zeit wirst du in meinem Herzen einen besonderen Platz haben. Gott segne dich.“

13 © Edition Nautilus – Verlag Lutz Schulenburg, Hamburg.

14 © beim Autor.

15 Philipper 4,13 (Die Bibel. Schlachter-Übersetzung. Version 2000. © 2000 Genfer Bibelgesellschaft, Genf).

16 Jesaja 41,10 (Luther 1984).

17 Siehe Johannes 14,12.

18 Siehe auch www.catchthefire.com.

19 Zum Beispiel 1. Korinther 14,1.

20 Sprüche 3,5-6 (Hoffnung für alle).